慰めのコイノーニア

牧師と信徒が共に学ぶ牧会学

加藤常昭

日本キリスト教団出版局

慰めのコイノーニア　牧師と信徒が共に学ぶ牧会学

目　次

第一章　慰めのコイノーニア（交わり）・教会……7
第二章　慰めの諸相……21
第三章　ハイデルベルク信仰問答に聴く……33
第四章　慰めの対話……43
第五章　何を語り合うのか　その一……59
第六章　天国の鍵……83
第七章　何を語り合うのか　その二……101
第八章　主イエスを愛する群れを……121
第九章　慰めの言葉を求めて……137

第一〇章　嘆きの声を挙げる教会 …… 153
第一一章　九日間の祈り …… 169
第一二章　クリストクラシー …… 183
第一三章　足腰の強い慰めを …… 205
第一四章　名札をつけて …… 215
第一五章　扉を開いて …… 225
文献一覧 235
あとがき 237

装幀　堀木一男（デザインコンビビア）

第一章

慰めのコイノーニア（交わり）・教会

エクレーシアはコイノーニア

私たちの信仰生活において大切なのは聖書です。聖書の言葉です。新約聖書はギリシア語で書かれました。そのためにギリシア語がそのまま私たちの教会生活のなかで用いられることがあります。私も少年時代から、そのようなギリシア語をいくつか覚えました。そのひとつにコイノーニアという言葉があります。どこかで聴いたことがあると思われる方もあるでしょう。教会の機関誌に「コイノーニア」という題のものがあるかもしれません。日本語に訳すと「交わり」という意味です。「共に生きる」ということです。その元の意味は、何かを共有するということです。何かを共有する、分かち合っていることによって成り立っている交わり、共同体を意味することもあります。

教会のなかでコイノーニアという言葉を聴くことがあるのは、キリスト教会が、交わりを大切にするからです。いや、教会が交わりそのものだからです。私たちは「教会」という言葉を日常的に用います。そのときには、まず何よりも、教会とは建物であると思っているかもしれません。たとえば鎌倉雪ノ下教会という名を聴くと、それはどこにありますか、と尋ねることがあるでしょう。しかし、新約聖書の時代には教会堂という建物はどこにもありませんでした。そこでなお用いられた教会と訳されているギリシア語はエクレーシアです。これも教会のなかではよく聴くギリシア語かもしれません。エクレーシアというのは、「呼び出す」、「呼び集める」という意味の動詞から作られた、「呼び集められた者たちの集会」という名詞でした。ギリシア人は民主的な都市国家を作っていました。民主主義とは会議を開いて皆で議論してことを決めることに特色があります。会議をするためには、それぞれの今いるところから呼び出され、召集されてひとつの場所に集まります。会議を行ない、共同の意思決定を行ない、実行します。このような「集まり」がエクレーシアでした。

新約聖書には、「神のエクレーシア（教会）」という言葉が出てきます（コリントの信徒への手紙一第一章二節）。神に召し出されて造られた共同体です。パウロは、それをこうも言いました。「キリスト・イエスによって聖なる者とされた人々、召されて聖なる者とされた人々」（同）。こうして「キリスト者のエクレーシア」が生まれました。それを私たちは日本語で「キリストの教会」（キリスト教会）というのです。厳密に言うとエクレーシアの翻訳としては「教会」というのはふさわしくないかもしれません。そのために、「教会」ではなくて、「集会」とか、「教会共同体」という用語を使うこともあります。それでもよいし、「教会」という言葉を聴く時に、少なくとも建物のことしか思い出さないということのないようにこころを馴らすことも大切でしょう。教会は「キリストのエクレーシア」であることをしっかりわきまえましょう。

このエクレーシアである教会が、どうして集まるかというと、集まる者たちが、何かを共有するコイノーニアだからです。「エクレーシアはコイノーニア」ということです。このコイノーニアは、何を共有しているのでしょうか。コイノーニアという言葉が用いられている聖書の言葉に耳を傾けてみましょう。

コイノーニアとしての教会

コイノーニアという言葉は、たとえば、パウロの手紙のなかでこのように用いられています。まずコリントの信徒への手紙二第一章三節以下です。

わたしたちの主イエス・キリストの父である神、慈愛に満ちた父、慰めを豊かにくださる神がほめたたえられますように。神は、あらゆる苦難に際してわたしたちを慰めてくださるので、わたしたちも神からいただくこの慰めによって、あらゆる苦難の中にある人々を慰めることができます。キリストの苦しみが満ちあふれてわたしたちにも及んでいるのと同じように、わたしたちの受ける慰めもキリストによって満ちあふれているからです。わたしたちが悩み苦しむとき、それはあなたがたの慰めと救いになります。また、わたしたちが慰められるとき、それはあなたがたの慰めになり、あなたがたがわたしたちの苦しみと同じ苦しみに耐えることができるのです。あなたがたについてわたしたちが抱いている希望は揺るぎません。なぜなら、あなたがたが苦しみを共にしてくれているように、慰めをも共にしていると、わたしたちは知っているからです。

最後のところ、「苦しみを共にしてくれている」というのは「苦しみのコイノーノイ」という言葉です。コイノーノイというのは、「コイノーニアに生きる人びと」という意味の言葉です。同じものを分かち合っている仲間ということです。「あなたがたが苦しみを共にしてくれている仲間であること」ということになります。「慰めを共にしている」というのも同じで、「慰めのコイノーノイ」という言葉です。

苦しみを分かち合うことによって親しい交わりが生まれる。それは運動部で一緒に苦しい練習に耐えたり、職場でチームを組んだ仲間と苦労して仕事をしたり、いろいろな人生の場面で体験します。一緒に苦労するとかけがえのない友情が生まれます。しかし、苦しみはまた交わりを困難にすることもあります。仲間のなかで特別な苦しみを体験するひとがあると、その苦しみはどれほど同情しても所詮他人事に終わることがあります。苦しんでいるひとから、「私の苦しみはあなたにはわかってもらえない」となじられても一言もないことがあります。東日本大震災においても、実際に大津波に巻き込まれ、家族を失い、家を失い、生きるすべを失った人びとの苦しみは同情の言葉を失わせます。そのような苦しみをなお共有するというのは、どういうことでしょう。旧約聖書のヨブ記を読むと、厳しい試練を受けていたヨブを案じ、慰めようとして訪ねた三人のヨブの親友は、ヨブの苦しむさまを見て、七日七晩、ヨブと共に地面に座ったまま声が出なかったと記されております（ヨブ記第二章一三節）。しかも、悲しいことに、それでもヨブの本当の苦しみを理解することができなかったようです。それが私たちの本当の姿でしょう。

伝道者パウロとコリントの教会の人びととは、どのような苦しみを分かち合ったのでしょうか。むしろ、新約聖書に収められているふたつのコリント教会に宛てた手紙を読んでも、コリントの人びとはパウロの言葉も働きをもよく理解せず、教会内部に混乱を生じていながら、なかなか勧告を受け入れず、パウロの苦労の種になっていたのではないか、と思われます。パウロは涙を流しながら、この手紙を書いたのではないか、と言われるほどです。パウロと共に伝道と教会形成の労苦を分かち合うコイノーニアを形成していたとは思えません。どこで「苦しみを分かち合ったコイノーニア」が生まれていたのでしょうか。

パウロはここで、コリントの教会の人びとと分かち合った苦労話をしておりません。そうではなくて、最初に神を賛美する言葉を書き記します。なぜ賛美するのか。それに続く、賛美の理由を語るパウロの言葉は、私たちのこころを打ちます。

神は、あらゆる苦難に際してわたしたちを慰めてくださるので、わたしたちも神からいただくこの慰めによって、あらゆる苦難の中にある人々を慰めることができます。キリストの苦しみが満ちあふれてわたしたちにも及んでいるのと同じように、わたしたちの受ける慰めもキリストによって満ちあふれているからです。

パウロはまず神の慰めを語ります。神の慰めはキリストの苦しみとひとつです。キリストが私たちと「苦しみを共にしてくださる仲間」になってくださいました。キリストのほうから私たちと「苦しみを共にしてくださるコイノーニア」を造ってくださいました。またそこで「満ち溢れる慰めのコイノーニア」を造り、私たちの仲間となってくださいました。それはパウロにとっても、コリントの教会の人びとにとっても同じ恵みの事実でした。パウロとコリント教会は、このキリストの満ち溢れるキリストの苦しみと慰めを共有するエクレーシアに生かされておりました。そのことに支えられていたからこそ、なお言葉が通じることを信じて、手紙を書くことができました。

平和と愛のコイノーニア

苦難、苦しみ、つらいこと、それは明らかに私たちの信仰を問います。大震災のような場合だけではありません。ひとりひとりの生活でも、そのひとにとって厳しい苦しみが突然与えられます。苦しみを知らないで生きているひとはありません。そのようなとき、多くのキリスト者が思い起こすに違いない聖書の言葉があります。ローマの信徒への手紙第五章一節から一一節までです。

このように、わたしたちは信仰によって義とされたのだから、わたしたちの主イエス・キリストによって神との間に平和を得ており、このキリストのお陰で、今の恵みに信仰によって導き入れられ、神の栄光にあずかる希望を誇りにしています。そればかりでなく、苦難をも誇りとします。わたしたちは知っているのです、苦難は忍耐を、忍耐は練達を、練達は希望を生むということを。希望はわたしたちを欺くことがありません。わたしたちに与えられた聖霊によって、神の愛がわたしたちの心に注がれているからです。実にキリストは、わたしたちがまだ弱かったころ、定められた時に、不信心な者のために死んでくださった。正しい人のために死ぬ者はほとんどいません。善い人のために命を惜しまない者ならいるかもしれません。しかし、わたしたちがまだ罪人であったとき、キリストがわたしたちのために死んでくださったことにより、神はわたしたちに対する愛を示されました。それで今や、わたしたちはキリストの血によって義とされたのですから、キリストによって神の怒りから救われるのは、なおさらのことです。敵であったときでさえ、御子の死によって神と和解させていただいたのであれば、和解させていただいた今は、御子の命によって救われるのはなおさらです。それだけでなく、わたしたちの主イエス・キリストによって、わたしたちは神を誇りとしています。今やこのキリストを通して和解させていただいたからです。

私の少年時代は太平洋戦争のまっただ中でした。戦争が始まった翌年、一九四二年のクリスマスに洗礼を受けました。当時の教会の熊谷政喜牧師は、よく平和を語りました。ここでパウロが語る「キリストの平和」を語りました。それは花が咲き、鳥が歌う楽園で平穏な日々を送るようなものではない。嵐が吹き捲《まく》るさなかに大木の葉陰の枝に巣作りをしている小鳥がそっとさえずっているようなものだと語られました。牧師の妻はアメリカ人でした。礼拝には必ず刑事が出席し、牧師の説教を記録していました。不安と恐れに満ちていました。しかし、そこでこそ知るキリストの平和があると証しされたのです。牧師自身が知っている平和を語ったのです。日本全体がキリスト教会に対する反感をあらわにしているような状況にあって、怯《おび》え続けることさえあった少年の私にとって、驚くべき、しかも慰めに満ちた説教の言葉でした。

私の最初の訳書は、バーゼルの牧師エードゥアルト・トゥルンアイゼンの『この世に生きるキリスト者』（新教出版社、一九六〇年）ですが、そこでもキリストの平和とは、「台風の目」のようなものだと記されておりました。自分の環境に恵まれず、苦しみもまた消えず、つらいとしか思えないそこでこそ、自分の存在を捉える平和を知り、こころは平安を生きると言うのです。これが「キリストのお陰で、今の恵みに信仰によって導き入れられ」て生きる者に起こることなのです。

この平和を知っている者は、「苦難をも誇りとする」とパウロは言います。「誇りとする」というのは「喜ぶ」とも訳すことができます。昔から多くのキリスト者が大切にしてきた聖書の言葉です。しかし、大震災を知ったり、あるいは思いがけない難病に悩んだりしながら、この苦しみが私の喜び、私の誇りであるとはどういうことかと、改めて驚きつつ、問いたくなります。

パウロはその理由を言います。「苦難は忍耐を、忍耐は練達を、練達は希望を生むということを。希望はわたしたちを欺くことがありません。わたしたちに与えられた聖霊によって、神の愛がわたしたちの心に注がれているからです」。そして、その神の愛がどこで起こっているかを語り、「キリストがわたしたちのために死んでくださったこと」を丁寧に語ります。「わたしたちがまだ弱かったころ、……わたしたちがまだ罪人であったとき、……敵であったときでさえ、御子の死によって神と和解させていただいたのであれば、和解させていただいた今は、御子の命によって救われるのはなおさらです。それだけでなく、わたしたちの主イエス・キリストによって、わたしたちは神を誇りとしています。今やこのキリストを通して和解させていただいたからです」。説明を長々としなくても、パウロの言いたいことは私たちのこころに迫ります。

私が青年時代に夢中で聴いたのは竹森満佐一《まさいち》牧師の説教です。あるとき、このパウロの言葉を説いて、罪人である私たちは神と不倶戴天の仇《かたき》の関係にあると語りました。講談師が仇討《あだう》ちを語る言葉をふと思い出しながら印象深く聴きました。なるほどと思いました。神を敵としてしまっている罪人である私のところに主イエスが来てくださり、「神の敵」として当然死ななければならない私に代わって死んでくださいました。それが神の愛です。今は神が、罪と戦い、死と戦う私の味方になっていてくださいます。だからパウロは同じローマの信徒への手紙第八章で言い切ります。

では、これらのことについて何と言ったらよいだろうか。もし神がわたしたちの味方であるならば、だれがわたしたちに敵対できますか。わたしたちすべてのために、その御子をさえ惜しまず死に渡された方は、御子と一緒にすべてのものをわたしたちに賜らないはずがありましょうか。……これらすべてのことにおいて、わたしたちは、わたしたちを愛してくださる方によって輝かしい勝利を収めています。わたしは確信しています。死も、命も、天使も、支配するものも、現在のものも、未来のものも、力あるものも、高い所にいるものも、低い所にいるものも、他のどんな被造物も、わたしたちの主キリスト・イエスによって示された神の愛から、わたしたちを引き離すことはできないのです。

キリストのエクレーシアは、このキリストが明らかにしてくださり、今私たちをそのなかで生かしていてくださる神の愛の勝利のコイノーニアなのです。

キリストの血とからだにあずかるコイノーニア

わたしたちが神を賛美する賛美の杯は、キリストの血にあずかることではないか。わたしたちが裂くパンは、キリストの体にあずかることではないか。パンは一つだから、わたしたちは大勢でも一つの体です。皆が一つのパンを分けて食べるからです。

「コイノーニア」という言葉を聴き取れる、もうひとつの大切な言葉は、このコリントの信徒への手紙一第一〇章一六―一七節です。ここで「あずかること」と訳されているのも「コイノーニア」という言葉です。これは主の食卓のことです。聖餐のことです。主のからだ、主の血を分かち合うのです。そこにコイノーニアが生まれます。交わりが生まれます。同じ手紙の第一一章二六節でパウロは書いています。「あなたがたは、このパンを食べこの杯を飲むごとに、主が来られるときまで、主の死を告げ知らせるのです」。聖餐を大切にするコイノーニアに生きるエクレーシアである教会は、「主の死」を告げるのです。十字架の主の死に示された「神の愛」を告げ知らせるのです。

これから私たちは、キリストの教会とは何かを一緒に考えます。特に教会こそ「慰めに生きるコイノーニア」であることを学び直します。そのコイノーニアに生きるエクレーシアとしての生き方を学び、実際に生きようと願っております。その原点が、ここにあります。多くの教会堂には高く十字架が掲げられています。礼拝をしている間、見つめる正面の壁に十字架が掲げられている礼拝堂も多いでしょう。神の愛を見つめて、神の言葉を聴きつつ礼拝をしております。折あるごとに聖餐を分かち合います。そのようにして神の慰めを生きています。そして慰め合いつつ生きています。ここから共に歩み始めるのです。

第二章　慰めの諸相

「慰め」を問い直す

「慰め」という言葉は、いつもキリスト教会で愛用されて来たわけではありません。たとえば一九六九年、私は鎌倉雪ノ下教会の牧師になりました。やがて現代日本に生きる教会のありかたを教会員と共に学び直そうとして、その手がかりになるようにと、「慰めの共同体」という言葉を用いたことがあります。ところが思いがけないことに、すぐには理解されず、むしろ、最初は反発さえありました。慰めを語るなどとはとんでもない、という感想が聞こえました。私の説明不足のためでもありましたが、慰めという言葉を使えば、それについての当然の共通理解があると思い込んでいたのに、そうではなかったのです。日本の思想の歴史においても、慰めを高く評価することはあまりなかったのです。信仰は魂の慰めになると言えば、安易な慰めを求めるこころを満足させることでしかないと思われたのかもしれません。

国語辞典・漢和辞典から

念のために、小学館が一九七二年に刊行した『日本国語大辞典』では、「慰む」、「慰め」という日本語をどのように説明しているか読んでみました。

①「なぐさむ」は、「ナグ」（和）という動詞に始まるようである。和むということである。
②「なぐさむ」（「なぐさめる」）は、既に万葉集に現れる。「こころがなごやかに静まる」、「心が晴れる」、「気がまぎれる」などの意味で用いられる。
③「なぐさめ」の項で漢字に、慰、慰藉、を当てる。（そこで大辞典はこう説明します）なぐさめること、人の心をなごやかに静まらせるもの、なぐさみ、またキリスト教では、悲しみや悲しみにある者、弱い者を神が励ますことを言う。
④ここで引用される近代日本文学の例（島崎藤村、久保田万太郎）はいずれも「慰藉」の文字が用

いられています。

「慰め」という言葉に、それまで日本人が知らなかった深い意味、強い意味があることを知ったのは、キリスト教会の言葉遣いによったということが記されているのは興味深いことです。ついでに大修館書店が一九八二年に刊行した『廣漢和辞典』を開くと、こう書いてありました。

①「慰」は、「心を安らかにさせる」、「心のうさをはらす」、「すかす、なだめる」の意。
②語源は心＋威。威は火熨斗《ひのし》。心をあたため、のばすの意。

漢字からもあまり深い意味を感じ取ることはできません。しかし、二番目に記されている語源の説明は心を惹きます。皺がよって固くなっている布に湿り気を与え、火熨斗、今日の言葉で言えばアイロンを当てて、ゆっくりと皺を取っていくイメージは「慰める」という言葉の意味をよく表していると思います。

新約聖書における「慰め」、「慰める」

さてそこで新約聖書では、「慰め」についてどのように語られているかを調べてみましょう。

聖書における「慰め」を学ぶときに大切なのは、日本語の「慰め、慰める」にきちんと対応するギリシア語があるわけではなく、ひとつのギリシア語のさまざまな訳語のひとつであることをわきまえるということです。従って聖書の近代語訳でも統一されていることはありません。日本語訳が「慰め」と訳していなくても、外国語訳では「慰め」と訳していることがあります。他方、日本語の「慰める」に対応するギリシア語もまたただひとつではありません。しかし、何よりも、動詞「パラカレイン」、名詞「パラクレーシス」が「慰める」、「慰め」と訳されております。

ところで、パラカレインという動詞、あるいは、その名詞形パラクレーシスが、どのような用い方をされているかを調べてみます。

①パラというのは、傍ら、すぐそば、という意味の言葉です。カレインというのは「呼ぶ」、「招く」という意味の言葉です。そこでパラカレインというのは、「傍らに招く」、「そばに呼ぶ」という意味になります。たとえば、こんな例があります。使徒言行録第二八章二〇節に「お会いして話し合

いたいと、あなたがたにお願いした」という文章がありますが、これは「あなたがたを呼び寄せた」と訳すことができます。パラカレインという言葉が用いられているのです。

②傍らに呼んで話をするということになると、呼んで、どのような話をするのか、ということになります。そこで考えられる話の内容から、特に「説き勧める」とか「勧告する」という意味になることがあります。たとえば「こういうわけで、兄弟たち、神の憐れみによってあなたがたに勧めます」（ローマの信徒への手紙第一二章一節）の「勧める」という言葉です。

③特に興味があるのは、ヘブライ人への手紙第一三章二二節です。「兄弟たち、どうか、以上のような勧めの言葉を受け入れてください、実際、わたしは手短に書いたのですから」。「以上のような勧めの言葉」というのは、ここまで自分が書いてきた文章をまとめて「勧めの言葉」（パラクレーシス）と呼んでいるということです。ヘブライ人への手紙は、もともと説教であったのではないかと言われます。ずいぶん長い説教です。そのために複数の説教から成り立っているのではないか、とも言われます。自分がした説教を手紙の形で記し、それをパラクレーシスと呼んでいるのです。説教とは、聴く人のすぐ近くに行ってあげて励まし、慰める言葉を語ることなのです。

④ひとの傍らにわざわざ行って語ってあげる必要がある言葉、明らかに、そのひとつは「慰め」です。そこで先に引用したコリントの信徒への手紙二第一章のように、「慰め」という意味でも用いら

れるようになりました。それ以外にも印象深い用い方がいくつもあります。たとえば主イエスが語られた山上の説教にこうあります。「悲しむ人々は、幸いである、その人たちは慰められる」(マタイによる福音書第五章四節)。

⑤「預言する者は、人に向かって語っているので、人を造り上げ、励まし、慰めます」。これはコリントの信徒への手紙一第一四章三節です。ここでは「励まし」と訳されているのがパラカレインです。それに続いて「慰めます」と訳されている別のギリシア語と区別しているのですが、パラカレインは、同じ慰めを意味する言葉のなかでも、「強い慰め」を意味する言葉なので、「励ます」と訳すこともできるのです。強い慰め、この意味は、こころに留めておいてよいことです。

⑥ところで、もうひとつパラカレインという動詞から生まれた大切な名詞があります。「側に呼ばれるひと」という意味のパラクレートスという言葉です。助けが必要なひとに呼ばれて助けるひとです。助け手、慰め手を意味したり、弁護者という意味にもなります。ヨハネの手紙一第二章一節以下では、このように用いられます。「わたしの子たちよ、これらのことを書くのは、あなたがたが罪を犯さないようになるためです。たとえ罪を犯しても、御父のもとに弁護者、正しい方、イエス・キリストがおられます。この方こそ、わたしたちの罪、いや、わたしたちの罪ばかりでなく、全世界の罪を償ういけにえです」。主イエス・キリストこそ、私たちの傍らにいてくださる弁護者だという深い

慰めの言葉です。またヨハネによる福音書第一四章二六節には、こう記されております。「しかし、弁護者、すなわち、父がわたしの名によってお遣わしになる聖霊が、あなたがたにすべてのことを教え、わたしが話したことをことごとく思い起こさせてくださる」。ここでは弁護者とは聖霊のことです。弟子たちのもとを去られる主イエスが、聖霊を送ると約束していてくださいます。ついでに言うと、この「弁護者」というのは、「助け主」とも「慰め主」とも訳し得るので、そう訳している翻訳もあります。

コリントの信徒への手紙二第一章三―一一節の黙想

何度も、このパウロの言葉に戻ります。ドイツでは、説教のための黙想という文章がたくさん書かれています。一九九八年に、フォルカー・ヴァイマンという神学者が書いた、この箇所についての黙想を読みました。とてもいい文章です。そこで語られていることを、文章を翻訳するのではなく、その趣旨を紹介することにします。もう一度聖書を開き、よく読んで、一緒に黙想してください。

パウロは、悩みや苦難と慰めとが一緒に起こるということを語ります。なぜ、このようなことができるのでしょう。この注目せざるを得ない共在、驚くべき関係が、この手紙の語り始めの部分で、その独特の、逆説に満ちた、言葉の動きを生んでいます。このようないのちの言葉の動きが、この手紙を動かしています。この手紙を読み進めると、たとえば第六章一〇節に、このような言葉にさえ出会います。「悲しんでいるようで、常に喜び、貧しいようで、多くの人を富ませ、無一物のようで、すべてのものを所有しています」。

この視点から、「慰める」ということと、「慰め」を意味するギリシア語の歴史を改めて振り返ることができます。「慰める」(パラカレイン)、「慰め」(パラクレーシス)という言葉の意味を改めて考えてみます。ギリシア人の間での、この言葉の一般的な用語法で目立つのは、慰めるというのは、ごく普通の人びとの間でも、哲学者の間でも、泣きわめき、嘆くことを止めなさい、と言ってあげることでしかなかったのです。たとえば、こういうことを言うだけなのです。「嘆くことなく、ただ苦しむことだけを学びなさい」。このような言葉は英雄的な響きを持ってはいるでしょうが、しかし、そうは言うものの、低音に諦めの響きが聞こえてしまうことを否定することができません。深いところで絶望しているのです。要するに、英雄的に、あるいはストイックに、自分で自分を励ますこと、これが古代の人びとの慰めの行為が意図したことでした。それは、「さまざまな形を取るが、要するに、嘆きを沈黙させること以上のものであろうとしたことはないのである」(『新約聖書神学辞典』第五巻七七七ページ以下のシュテーリン「聖書以外の古代における慰めと慰め手」参照)。

ここで問わざるを得ないのは、今日でも、慰めるということが、結局は、ただ気持ちを和らげてあげること、嘆くことを止めさせることに終始しているのではないかということです。言い表すことができないほどの悩みを、はっきり聴き取ってあげることになってはいないのではないか。あるいは、嘆きたいひとに嘆く場所を作ってあげることにもなっていないのではないかということです。そのために、本当の意味で、慰めの行為が、勇気を与えることができず、ただ気持ちを静めてあげるだけのことになっているのではないか、ということなのです。

ところが、新約聖書が慰めを語る時、その背後には、旧約聖書をギリシア語に翻訳することによって、既にギリシア語のパラクレーシス、パラカレインが、いずれも別の意味を持つようになっておりました。既に、そこではしっかりした慰めになっていたのです。慰めは、嘆きを静め、終わらせてしまおうと知恵を尽くして説明してしまうようなことではなくて、困窮と嘆きに直面してこころが臆し、疲れ果ててしまっている人間のこころに向かって語りかけることができるようになりました。たとえば、「慰めよ、わたしの民を慰めよと／あなたたちの神は言われる」と始まるイザヤ書第四〇章一節以下のような言葉を語り得るようになっていたのです。

そして、神に向かう嘆きは、ただひたすらなだめようとする試みによって、口を閉じさせられる必要もなく、それを欲することもなくなりました。

苦難の襲うとき、わたしは主を求めます。
夜、わたしの手は疲れも知らず差し出され
わたしの魂は慰めを受け入れません。
詩編第七七篇三節

こういう祈りができるようになっていたのです。ヨブ記では、嘆きは神の前では禁じられているのか、それともむしろ神の前でこそ嘆き得るのか、その正しい場所を得ているのか、このことをめぐって、ヨブとその友人たちとの間で争われました。友人たちが、結局それは神を冒瀆するものと判断し、押しとどめようとしましたが、ヨブは、嘆きを捨てることはありませんでした。それによって明確になったのは、驚くべきことに、嘆きを通じてのみ、確信への道が拓かれるということでした。

嘆きが神の前における嘆きとなり、まさしく神に刃向かう嘆きが神に向けられる場所も言葉も与えられることによって、「あらゆる苦難に際してわたしたちを慰めてくださる神」に通じる道が拓かれる。ヴァイマンは、そう言うのです。手軽な慰め、軽率な偽りの慰め、そのために結局は慰めの言葉が沈黙してしまっている現実と向かい合って、キリスト者と教会が語る言葉が真実の慰めとなっているかどうかを計る基準は、そこで、嘆きの場所を確保し、保証して、神に逆らう嘆きを神に向かって述べさせることができているかどうかということなのです。

ヴァイマンによると、慰めを意味するヘブライ語のひとつ、ニハムは、その語根からすると、大きく息をする、大きく息をさせる、という響きを伴う言葉です。慰めとは、嘆きを窒息させるものではなくて、むしろ、人間に新しい息吹を与えることなのです。詩編第九四篇一九節を改革派が用いるチューリヒ訳のドイツ語で読んでみます。

あまりにも多くの思い煩いが、わたしのこころを押し潰そうとするとき、
あなたの慰めが
わたしの魂に新しい息吹を与えてくださいます。

この詩編を読むと、マタイによる福音書第一一章二八節以下の、あの主イエスの招きの言葉を思い起こします。

疲れた者、重荷を負う者は、だれでもわたしのもとに来なさい。休ませてあげよう。わたしは柔和で謙遜な者だから、わたしの軛《くびき》を負い、わたしに学びなさい。そうすれば、あなたがたは安ら

ぎを得られる。わたしの軛は負いやすく、わたしの荷は軽いからである。

ここで言う「休み」も、大きく息をするということだと言えます。

第三章

ハイデルベルク信仰問答に聴く

教会が語る「慰め」と言えば、一五六三年に刊行された『ハイデルベルク信仰問答』を読まないですますわけにはいきません。刊行以来、ほぼ四五〇年にわたり世界中のプロテスタント教会で愛読されて来た、この信仰の書物は、何よりも教会が語る福音の言葉を「慰め」の一点で捉えた書物としてよく知られています。ここで、そのさわりだけでも読みましょう。

唯一の慰め

問一　生きるにも死ぬにも、あなたのただ一つの慰めは何ですか。

慰め、それは生きるために必要なものだと私たちは考えます。生きている時に体験するつらいこと、悲しいことを、数多く体験するとき、慰めてもらいたいと思います。なるほど、こういうときの慰めは励ましでもあります。慰められ、励まされてこそ、生きていけると思います。いろいろな慰めがあるでしょう。つらさを一時でも忘れさせてくれる楽しいことがあっても慰めになります。年を取って病んでつらいな、と思っているとき、可愛い孫の顔を見るのも慰めです。しかし、この信仰問答は、生きるためだけではなく、死ぬときにも慰めになるものこそ、本当の慰めではないかと言います。死ぬときだけの慰めでもありません。死に直面して望みが絶えそうになるとき彼岸の望みを見せてくれる慰めもあるでしょう。しかし、ここで語る慰めは、生きるためにも死ぬためにも励ましになり、望みを与える慰め、たったひとつの真実の慰めがあるのだと言うのです。それは何か、と尋ねるのです。これこそ「強い慰め」です。「励ます慰め」です。

あるドイツの神学者が、現代の偶像、それは〈健康〉であると書いていました。ひたすら健康であろうとします。健康であることがしあわせの絶対条件のようになっています。それだけに、それでも病気になってしまうと、ひどく惨めな思いになります。生きることに失敗したかとさえ思い込みます。あるいはアンチ・エイジングという言葉が魅力を発揮しています。老化に逆らう技術を磨きます。しかし、私のような老人は、いかに若そうに見えても確実に老衰への道を歩んでいます。すべての反抗も空しく、やがて年老い、衰えて死を迎えます。本当の慰めは、人としての弱さ、苦しみに耐えさせ、死においても望みを与えるのです。それは何か、と信仰問答は問うのです。そこでこう答えます。ただひとつの慰めとは何でしょうか。

「キリスト者」として生かされること

答　わたしがわたし自身のものではなく、
　体も魂も、生きるにも死ぬにも、
　わたしの真実な救い主
　イエス・キリストのものであることです。
この方は御自分の尊い血をもって
　わたしのすべての罪を完全に償い、
　悪魔のあらゆる力からわたしを解放してくださいました。
また、天にいますわたしの父の御旨でなければ
　髪の毛一本も落ちることができないほどに、
　わたしを守っていてくださいます。

実に万事がわたしの救いのために働くのです。
そうしてまた、御自身の聖霊によりわたしに永遠の命を保証し、
今から後この方のために生きることを心から喜び
またそれにふさわしくなるように、
整えてもくださるのです。

信仰問答はたくさんの聖書を引用します。もともと信仰問答は、聖書の言葉が何を語るかを要約して語るのです。ここでも僅かですが、この「唯一の慰め」を語るすばらしい信仰問答の言葉を支える聖書の言葉を読みましょう。

一　ペトロの手紙一第一章一八―一九節
知ってのとおり、あなたがたが先祖伝来のむなしい生活から贖われたのは、金や銀のような朽ち果てるものにはよらず、きずや汚れのない小羊のようなキリストの尊い血によるのです。

二　ヨハネの手紙一第三章一―二節

御父がどれほどわたしたちを愛してくださるか、考えなさい。それは、わたしたちが神の子と呼ばれるほどで、事実また、そのとおりです。世がわたしたちを知らないのは、御父を知らなかったからです。愛する者たち、わたしたちは、今既に神の子ですが、自分がどのようになるかは、まだ示されていません。しかし、御子が現れるとき、御子に似た者となるということを知っています。なぜなら、そのとき御子をありのままに見るからです。

三　ローマの信徒への手紙第八章一―一七節

従って、今や、キリスト・イエスに結ばれている者は、罪に定められることはありません。キリスト・イエスによって命をもたらす霊の法則が、罪と死との法則からあなたを解放したからです。肉の弱さのために律法がなしえなかったことを、神はしてくださったのです。つまり、罪を取り除くために御子を罪深い肉と同じ姿でこの世に送り、その肉において罪を罪として処断されたのです。……神の霊があなたがたの内に宿っているかぎり、あなたがたは、肉ではなく霊の支配下にいます。キリストの霊を持たない者は、キリストに属していません。……神の霊によって導かれる者は皆、神の子なのです。あなたがたは、人を奴隷として再び恐れに陥れる霊ではなく、神の子とする霊を受けたのです。この霊によってわたしたちは、「アッバ、父よ」と呼ぶのです。

この霊こそは、わたしたちが神の子供であることを、わたしたちの霊と一緒になって証ししてくださいます。もし子供であれば、相続人でもあります。神の相続人、しかもキリストと共同の相続人です。キリストと共に苦しむなら、共にその栄光をも受けるからです。

まだまだ思い浮かぶ聖書の言葉があるでしょう。ご自分で更に追加してみてください。『ハイデルベルク信仰問答』が自分で出した慰めを問う問いに答えてみせた文章にも、そこで参照される聖書の言葉にも「慰め」という言葉が直接には出てきません。そうではなくて、言ってみれば、私たちにとって「救い」とは何かを問うときの答えが語られていると見ることができます。その急所は、私たちの魂だけではなくて肉体をも含む、いわば全存在がキリストのものとされるということです。そのために必要なすべてのことを主キリストご自身が果たしていてくださるということです。今も、このいのちもキリストのものとして生かされ、生きるのです。主イエス・キリストの父である神は、その力を尽くして、私たちをキリストに属する者にしてくださる道を拓いてくださいました。

ついでのことのようですが、私たちキリストの教会の生活をする者は、自分たちのことをクリスチャンと言います。しかし、私はいつの頃からか、この表現を捨てました。ひとつの理由は、こうです。少年時代、教会生活をしていると、「加藤は敵の国の宗教を信じている売国奴だ」と非難されました。

日本人ではないと言われました。それは子どもにとって恐ろしいことでした。クリスチャンというのは英語です。きちんとした日本語で自分たちのことを呼べば、それは「キリスト者」という言葉です。日本人として私たちは生きています。確かに洗礼を受けると天に国籍を得るのです（フィリピの信徒への手紙第三章二〇節、文語訳、「我らの國籍は天に在り」）。しかし、同時にキリストの福音は日本という土壌に根ざす生き方をしっかり造ります。しかも「キリスト者」という日本語は、この信仰問答が言うように、全存在をキリストのものとしていただいていることをはっきり言い表しています。私たちはキリスト者です。

キリストのものであるキリスト者は、キリストに似ます。キリストに似た神の子にしていただきます。神を「父よ」と呼べるようになります。祈れるようになります。慰められるとはまさに祈れるようになることなのです。生きるところでも、死への歩みにおいても祈り続けるのです。

洗礼を目指して、洗礼に根ざして

慰められるということは、キリストのものとされるということに他ならないとすれば、何と言っても慰められるということは、まず救われることです。そして救われるということは洗礼を受けるということです。

キリスト教会の歴史の初め、主イエスが甦られ、天に昇られたのち、聖霊が注がれて主イエスの弟子たちは立ち上がりました。説教を始めました。伝道を始めました。聖霊が降られた日に語った教会の代表者ペトロの長い説教の最後はこうなっています。使徒言行録第二章三六節以下です。

「……だから、イスラエルの全家は、はっきり知らなくてはなりません。あなたがたが十字架につけて殺したイエスを、神は主とし、またメシアとなさったのです。」
人々はこれを聞いて大いに心を打たれ、ペトロとほかの使徒たちに、「兄弟たち、わたしたちはどうしたらよいのですか」と言った。すると、ペトロは彼らに言った。「悔い改めなさい。めいめい、イエス・キリストの名によって洗礼を受け、罪を赦していただきなさい。そうすれば、賜物として聖霊を受けます。……」……ペトロの言葉を受け入れた人々は洗礼を受け、その日に三千人ほどが仲間に加わった。彼らは、使徒の教え、相互の交わり、パンを裂くこと、祈ることに熱心であった。

まだ洗礼を受けていないひとを慰めるとき、私たちは、こころのうちに祈り始めます。そのひとが洗礼を受けるようになることを。折あるごとに勧めます。洗礼を受けることを。慰めの言葉は主イエスのものとなり、そこでこそ知る慰めに生きてほしいと勧める伝道の言葉にならざるを得ません。

パウロは洗礼を受けると何が起こるかを、このように語りました。ローマの信徒への手紙第六章四節です。「わたしたちは洗礼によってキリストと共に葬られ、その死にあずかるものとなりました。それは、キリストが御父の栄光によって死者の中から復活させられたように、わたしたちも新しい命に生きるためなのです」。洗礼を受けた者は「キリスト者」になります。キリストのものになります。既に復活のいのちに生きています。キリストの慰めの手にしっかり抱かれています。

洗礼を受けた者は教会員の仲間入りをします。私は洗礼式を正確には「洗礼入会式」と呼んだほうがいいと思います。召されてエクレーシアに集う者となりました。そして慰めのコイノーニアに生きる者となりました。

第四章　慰めの対話

かけがえのない慰めの書物との出会い

私は一九五六年、石川県の金沢で最初の伝道者の生活を始めておりました。伝道は容易ではありませんし、苦労もありましたが、順調でした。洗礼入会者も与えられ、礼拝出席者も増え続けました。しかし、二年ほど経った頃、とてもつらい思いを抱くようになりました。慣れて来たままに伝道に励んでいましたが、それが一種の職業的な手練手管を体得し始めているだけのことではないかと、自分のしていることを受け入れることができなくなっていました。妻にも言えない奇妙な悩みです。自分で自分を容認できません。しかし、それならどうしたらよいのか。このままなら伝道者の道から降りるよりほかはないとさえ思っておりました。そうでなければ、神に誠実な伝道者ではないと思ったのです。

ちょうどその頃、用事があって上京しました。上京すれば、必ずそうするように時間を作って銀座の教文館に行き、洋書売り場に行きました。たくさんの書物のなかに緑色のペーパーバックのドイツ語の書物を見つけました。スイスの都市バーゼルのエードゥアルト・トゥルンアイゼン牧師のゼールゾルゲ（魂への配慮）論でした。東京神学大学の平賀徳造教授が牧会学の講義でこの本に言及し、よい書物だと推薦されたのを覚えていました。トゥルンアイゼンは私が大きな感化を受けていたカール・バルトと共に神の言葉の神学の道を拓いたひとでもあります。いそいで財布の中身を確かめ、財布をはたいて入手しました。帰宅してすぐ読み始め、とても感動しました。夢中で二週間ほどで読了しました。そのとき、私はすっかり立ち直っておりました。伝道者として立つことに迷いを抱くことは全くなくなりました。もう大丈夫だと思いました。すぐに平賀先生に手紙を書き、自分の思いを書き綴りました。先生からの返信は、それほど感動したのなら翻訳をしなさい、という熱心な勧めでした。それから三年を経て、一九六一年、トゥルンアイゼン『牧会学Ⅰ』の翻訳を、日本基督教団出版部から刊行しました。これは、ドイツ語圏よりも日本で愛読されたと言ってもいいほどで、多くの神学校でも教科書として用いられてきました。しかし、トゥルンアイゼンは、ただ神学を学ぶ人びとだけではなく、信徒にも読まれることを望んでいます。私たちの学びにとっても大切な書物です。牧師の指導を得て、その大事なところだけでも読書会をしていただくといいな、と願っております。歴史に残る名著だと思います。そして私はこれがきっかけでトゥルンアイゼンを師として親しく指導を受けるようになり、また実践神学者としての研究生活を始めることができました。

魂への配慮

『牧会学』の刊行に際し、少々困ったことがありました。原著の題はレーレ・フォン・デア・ゼールゾルゲというのです。直訳すると『魂への配慮についての教え』というのです。このゼールゾルゲというドイツ語は、英語で言うと、ケア・オブ・ソウルです。魂のためにこころを配るということです。「魂のみとり」と訳すこともできます。しかし、これを従来、「牧会」と訳す慣例がありました。教会の牧師の務めは「説教と牧会」であると言うのが常でした。その時の「牧会」は、牧師の務めのうち、説教以外のすべての務めを、この名で一括りにしているとも言えますが、要するに教会という共同体のためにするすべての配慮を意味すると理解されているのです。キリスト者の集団である教会の世話をしたり、管理をしたりすることです。もちろん、そのなかには個々の教会員のための配慮のわざも含まれておりました。しかし、魂への配慮という意味のドイツ語には、そのような集団に対する配慮は全く含まれていないとは言えませんが、主たる意味とはなっていません。むしろ、ひとりのひとに集中する配慮の意味が強いのです。

マタイによる福音書第一八章一〇節以下に、こういう主イエスのお言葉が記されています。

これらの小さな者を一人でも軽んじないように気をつけなさい。言っておくが、彼らの天使たちは天でいつもわたしの天の父の御顔を仰いでいるのである。人の子は、失われたものを救うために来た。あなたがたはどう思うか。ある人が羊を百匹持っていて、その一匹が迷い出たとすれば、九十九匹を山に残しておいて、迷い出た一匹を捜しに行かないだろうか。はっきり言っておくが、もし、それを見つけたら、迷わずにいた九十九匹より、その一匹のことを喜ぶだろう。そのように、これらの小さな者が一人でも滅びることは、あなたがたの天の父の御心ではない。

魂への配慮とは、このような主イエスのおこころを重んじ、ひとりのひとのために集中する務めです。一匹の羊のために、他の九九匹は山に残してしまうこころです。トゥルンアイゼンの書物の中心にあるのは、そのような考えです。

これは既に私たちへの大きな問いかけになります。私たちが伝道を考えるとき、どこかで教会を中心にのみ考えます。伝道進展を考えるとき、プロテスタント教会の者は特にそうでしょうが、「教勢」という言葉を使います。教会員の数や主日礼拝の出席者の数を示す統計があります。それが、この教勢を示すと考えられることがあります。もちろん、この数字が大きい方が、教勢が盛んであるしであると考えられます。この数字が特に大きいと「大教会」と呼ばれます。大教会を造ることが牧師、伝道者の野心を喚び起こします。教勢盛んな教会の牧師や教会員は内心得意になることが多いのです。しかし、ここでは、ただひとりの魂に集中して注がれる慰めのわざが問われます。慰めのコイノーニアは数の魔力と戦います。魂は数値化されないのです。ついでに言えば、真実の魂への配慮に生きる教会は、このように重んじられるひとりひとりが集まる数として「教勢」を数えることを知っているのです。

この『牧会学』は、大きな書物ですが、先ほど書きましたように、ぜひ読んでください。ここでは、さしあたり次のようなことを、この書物から学んでおきたいと思います。私たちの学びの出発点にしたいのです。しかも、この書物が語るすべてのことが著者の独自の考えであるというわけではありません。そうではなくて、プロテスタント教会であるならば当然と言える考え方を改めて明らかにしてくれたと言えます。だから多くの人びとが、教派の違いを越えて共感したのです。しかも、私たちにとっては大事なことを思い起こさせ、あるいは発見させる教えです。

ひとつ付け加えますと、トゥルンアイゼンの著書と共に学んでほしい書物があります。ハイデルベルク大学のクリスティアン・メラー教授が編集した『魂への配慮の歴史』というのです。原著は三巻ですが、私が訳して刊行したときは一二巻にしました（日本キリスト教団出版局）。大著ですが、教会で購入してでも読んでいただけるとありがたいと思います。それを読むと、二〇〇〇年に及ぶキリスト教会の歴史は常に魂への配慮の歴史であったことがよくわかります。これにはプロテスタント教会だけではなくて、カトリック教会における魂への配慮に生き抜いた人びと、更にはロシア正教会の人びとまで紹介されます。

こういう出版物が読まれるようになったせいか、最近では、「魂への配慮」という言葉がようやく通用するようになりました。それはまた特に現代社会が、こうしたキリスト教会の魂への配慮のわざを必要としているからであるとも思います。

魂への配慮は教会員すべての務め

牧会と言えば牧師の務めと考えられることが多いでしょう。牧師は世話をするひと、教会員や求道者は、その世話を受けるひと、そう考えているひともあるかもしれません。しかし、トゥルンアイゼンは、魂への配慮は、キリストの教会に生きる者であるならば誰もが自分に与えられた務めとして、こころすべきだと熱心に主張しました。主イエスからいただいた慰めのわざだと言います。

改革者ルターが語り、広く語られている「万人祭司」という考え方があります。丁寧に言うと「普遍的祭司職」と言えます。すべてキリスト教会に生きる者は、お互いに、そのひとのための祭司となってあげるのです。祭司のコイノーニアを造るとも言えます。祭司というのは、神とひととの間にあってとりなしてあげる務めを持っています。そのひとのために祈ってあげます。また神の恵みがそのひとに届くようにこころを配ります。それはどのようなことでしょうか。トゥルンアイゼンは、それこそ、魂への配慮をするということだと言います。それを丁寧に考えるのが、この私の書物の務めです。

魂とは何か

ここで言う「魂」とは何でしょうか。人間とは魂と肉体とから成り立っている。そう考えることが多いでしょう。その場合の魂は、「精神」とか「こころ」とか言い換えることができるでしょう。特に「こころ」というのは英語で言うとハートです。そのハートにこそいのちが宿ると感じているひともあるでしょう。肉体の心臓と深く結びついているようにも思います。どきどきして不安を抱いたり、悲しいと痛んだり、うれしいと燃えるように熱くなったりします。そのこころがすこやかに生きることができるようにこころを配るのが魂への配慮だとも言えます。肉体の健康のためにこころを配る医師と同じように、こころの健康のためにこころを配るのです。教会に集まる者たちが互いの魂の健康のために配慮し合うのです。

ところでドイツの牧師と話をしていて気づいたことがあります。その牧師の教会員は何人いますか、と尋ねると、高齢の牧師に限るようですが、「私の教会に属するのは二万ゼーレンです」という返事が返って来ることがあります。教会員のひとりひとりをゼーレ、つまり、魂と呼ぶのです。トゥルンアイゼンは、このような時のゼーレというのは、人間全体を意味すると言います。肉体を持って生きている人間全体を、そう呼ぶのです。それは言い換えると、人間が人間として生きる急所は魂にあるということかもしれません。それもよくわかることです。

病む魂のために

魂の健康、こころの医師、という言葉を聴くと、すぐに私たちが思い浮かべるのは、「こころの病」という言葉です。今は、こころを病むひとが多くなったようです。自殺者の数が多いことも、そのしるしでしょう。私はほぼ四〇年間牧師の務めにありましたが、やはり若い頃はこれほど多くのこころの病に関わることはなかったのではないかと思います。こころを病む人びともつらいし、その傍らにいることも厳しいことです。私の恩師ルードルフ・ボーレン教授は、最初の夫人が一五年間、重いこころに悩み、最後には教授がハイデルベルク大学の神学部の演習で、自殺したいという人びとのために、どのような魂への配慮をしたらよいかということを学生たちと共に学んでいた時に、自宅で自分のいのちを断つという痛ましい体験をしました。その痛みに打ち克つために一五年を要し、その教授自身の経験をもとに、こころが病むということは何であるか、それに打ち克つというのはどういうことかを問い、祈り、聴き取った神の言葉の記録を『天水桶の深みにて』という書物にしました（加藤常昭訳、日本キリスト教団出版局、一九九八年）。私は恩師の信仰、神学、そのこころのすべてが注がれた、とても慰め深い書物だと思います。さいわい訳書も版を重ねています。

私も旧制高校の生徒であったとき、「神経衰弱」の診断で、結核初期でもあったので、休学したことがあります。今で言う神経症です。のちにちょうど四〇歳でうつ病の診断で大学の授業を休んだことがあります。肉体の病気と同じで、誰のこころも病むのです。ここにも教会が慰めのコイノーニアであることの意味を深く問われるところがあるのです。

医師たちと力を合わせて

医学の世界で、こころの病の診断と治療は大いに進歩しました。心理学的な療法も進みました。私の青年時代には、カウンセリングという言葉は日常に聞かれる言葉ではありませんでしたが、今は違います。そうなると私たちがする魂への配慮と、そのような精神医療、心理治療との関わりをどのように整えるかが真剣な問いになります。

一九六五年、初めてドイツに行きました。不思議な導きで、その後四〇年間、親しく教師として、また親友として共に生きるようになったルードルフ・ボーレン教授のもとで研究生活を始めました。ボーレン教授もトゥルンアイゼンを師として尊敬していました。そこでバーゼルまでトゥルンアイゼンを訪ねることになりました。前もってトゥルンアイゼン牧師に質問することを整理し、準備していきました。そのひとつが、教会における魂への配慮と医学的・心理学的治療との関係でした。

ちょうどそのことに話題が移ったとき、電話がかかってきました。先生は、スイス・ドイツ語で、誰かと話しながら、私にしきりにウィンクをしました。よくわかりませんが、誰か医師との話であることだけはわかりました。精神科の医師からの電話で、教会員の女性の治療をしたところだが、大切な牧師と語り合い、祈ってもらうことだと言い、牧師を訪ねるように勧めたので、よろしくお願いします、ということであったそうです。そして、こういうのが願わしい医療と教会がする魂への配慮との関わりだと言われました。

私は羨ましいと思いました。日本の精神科の医師には信仰についての理解が乏しいのが普通のように思われ、私はその後も、そのことで苦労しました。しかし、だんだんと互いに理解を深めるようにしたいと思います。

ある都市の教会で、夜に講演をし、魂への配慮の課題について語りました。会が終わると、ひとりの銀髪の紳士が挨拶し、こんな話をしました。自分は精神科の医師である。洗礼を受けてはいない。しかし、たまたま友人の勧めで『天水桶の深みにて』を読んだ。そして、今は深く恥じている。これまでは神のことなど無視して医師としての力で、こころの病を癒すことはできると自信があった。しかし、今は改めて牧師の指導を受けて、同書を読み直している。そう言って謝意を表されました。

心理学的治療の領域では、キリスト者の活躍も目立ち、専門家ではなくてもカウンセリングの勉強をする信徒も増えました。「キリスト教カウンセリング講座ブックレット」というのが何冊も刊行されるようになりました（キリスト新聞社）。肉体の病で専門医の治療を重んじるように、この領域でも専門家の治療を重んじつつ、教会が果たすべきことは何かを問い続けましょう。

膝つきあわせての対話

魂への配慮をするということはどういうことでしょう。対話をすることです。語り合うことです。トゥルンアイゼンの書物には「膝つきあわせての対話」という言葉が出てきます。そこで用いられているドイツ語は、英語で言うと、マンツーマンという意味の言葉です。私たちはスポーツ用語として知っています。サッカーやバスケットボールで守備をするとき、相手の有力な攻撃をしかけてくる選手ひとりに、防御側のひとりの選手が付きっきりで守ることです。ひとりの相手にひとりの選手が徹底的について回ります。そのように魂への配慮は、ひとりのひとに集中するのです。距離を作らず、親しく語り合うのです。

ここで大切な聖書の言葉をこころに留めておくことにしましょう。ヤコブの手紙第一章一九節の言葉です。「わたしの愛する兄弟たち、よくわきまえていなさい。だれでも、聞くのに早く、話すのに遅く、また怒るのに遅いようにしなさい」。まず相手の言葉をよく聴くということです。私たちの日常の会話をよく吟味すると、長い話をしているようですが、お互いに自分の話をしているだけであることに気づきます。クラス会で久しぶりに友人と再会し、自分の病気の話でも始めてごらんなさい。

聞いてくれているようですが、相手もすぐに自分の病気の話を始めます。手術がいかにたいへんであったかなどという話になります。じっと相手の話を聴き、よく聴き取り、理解してあげるということが下手なひとが多いのです。自分の言いたいことが言えたということだけが慰めになるということになりかねません。ヤコブがそれとの関連で、怒るのにも遅いようにと言っていることも示唆に富みます。怒りは正義感の表現であることが多いのです。自分が正しいと思ったら我慢できずに語り始めます。たとえ相手の悪いことに気づいても、それも耐えてまず耳を傾けるのです。

神の前での対話

トゥルンアイゼン牧師を最初に訪ねたのは、一九六六年初頭、寒い日でした。握手して挨拶を交わしたあと、席を勧められてソファに座ると、先生は私の隣にくっつくように座りました。風邪をひいているとかで、ずるずる音をさせて鼻をかみながら、大きな背を屈めて、私のたどたどしいドイツ語にうなずきながら耳を傾けてくださいました。書物に書いてある通りだと思いました。魂への配慮をする者は向かい合って座らない方がよい。相手の傍らに並んで座りなさい、と言うのです。寄り添う者の愛の姿勢です。相手を威圧しないで、しかも相手をよく見て語り合うためには、机の角のところで、いわば九〇度の角度で座るのがいいと教えている対話法の書物を読んだこともあります。しかし、トゥルンアイゼン牧師は並んで座ることを勧めます。語り合いながら、いつでも並んで神に向かって顔を上げ、祈ることができるのです。神の前で語り合うこころです。

そしてそこで語られる対話は、必ず祈りで終わるように勧めています。共に祈るのです。相手が祈ることもあるし、こちらだけが祈ることもあるでしょう。慰めは神から来るのです。主イエス・キリストから来るのです。

祈りが作る神のまなざしを

ルードルフ・ボーレン教授が最初に来日されたとき、東京神学大学で三日間、集中講義をされました。私が通訳をしました。最初の日、講義を始める前にボーレン先生に注文をしました。講義中に脱線して講義の原稿に書いてないことを話さないでください、と言ったのです。ドイツでの講義を聴いていると、ボーレン教授は、脱線をよくします。しかし、日本でそれをされると、一所懸命に原稿を読んで準備して来ている通訳の私が混乱する可能性があります。ところが、よくわかった、と言われましたが、相変わらず自由に脱線しました。しかし、それがいずれもこころに残る話でした。たとえば、講義のなかで、魂への配慮について語られたとき、神学生たちに魂への配慮のために生きる練習を毎日してもらいたいと言われ、こういう具体的な勧告をしました。毎日祈りをする。その祈りのなかで使徒信条を唱えてもらいたい――私たちは使徒信条という教会の信仰告白の言葉を礼拝のなかで、皆で唱えることを知っています。しかし、それを日ごとの祈りのなかで唱えることをしません。しかし、改革者ルター以来、三要文、つまり使徒信条、十戒、主の祈りを祈りのなかで唱えることが、ひとつの伝統になっています。ボーレン教授の家の食卓で、この三要文を祈りとして唱えることがよくありました――。朝の祈りで使徒信条を唱えます。使徒信条が語る神の救いのみわざを思い起こします。その上で、その日に出会う人びとのために祈るのです。それは、そのような恵みの救いのみわざを行なってくださった「神のまなざし」で、その人びとを見ることを始めるということです。自分の目だけで相手を見ないということです。そして夜、また使徒信条を祈ります。そこで、その日一日の間に出会った人びとのことを思い起こします。その人びとと、どのように出会い、何を語り合ったかをはっきり吟味するのです。神のまなざしで、そのひとを見、理解し、慰めを語り得たかを思い起こすのです。ボーレン教授は、そこであの主の祈りの「われらに罪を犯す者をわれらがゆるすごとく、われらの罪をもゆるしたまえ」と祈らざるを得ないことを知るでしょう、と言われました。

第五章

何を語り合うのか　その一

癒しの対話の急所

ペトロの手紙一第二章二四節に、慰めのコイノーニアである教会がこころに刻むべき言葉があります。

そして、十字架にかかって、自らその身にわたしたちの罪を担ってくださいました。わたしたちが、罪に対して死んで、義によって生きるようになるためです。そのお受けになった傷によって、あなたがたはいやされました。

私たちがするべき慰めの対話がもたらす癒しは、主イエスが与えてくださる癒しです。十字架の傷が与えてくださる癒しです。それは「十字架にかかって、自らその身にわたしたちの罪を担ってくださいました」方の癒しです。それは言い換えると、十字架を主イエスに強いてしまっている私たちの「罪」こそ、魂の病を生んでいるということです。

病を生む惨めさを直視するために

病んだことがある人間は皆知っています。病むことは惨めさを知ることだと身をもって知ります。私も厳しい病を得て入院したとき、病室の窓から見える賑やかな街の輝きを見下ろしながら、健康な人びとの人生の営みから脱落した寂しさを味わいました。それに似て、しかももっと厳しい悲惨の現実があるのです。

『ハイデルベルク信仰問答』は、冒頭で慰めを語ったのちに、そのただひとつの慰めをどうしても必要とする人間の惨めさを語ります。そこで用いられるドイツ語は「不幸」とも訳し得る言葉ですが、日本語訳で「悲惨」と訳したのは名訳だと思います。不幸な人間は惨めなのです。この惨めな思いは、人間ならば誰もが知っているのです。もしかすると、本当は惨めなのに、それに気づいていなかったり、気づくことを嫌っているだけなのです。惨めさを直視しないでごまかすために、人間は娯楽に、飲酒に、あるいは賭け事に耽《ふけ》ることも多いのです。私たちの対話は、そのような時には、自分の惨めさと向かい合うことを求めます。

しかし、その惨めさとは何でしょうか。『ハイデルベルク信仰問答』が惨めさを語る言葉に一緒に耳を傾けながら、惨めさを直視する対話をすることもできるでしょう。

問三　何によって、あなたは自分の悲惨さに気づきますか。

答　神の律法によってです。

問四　神の律法は、わたしたちに何を求めていますか。

答　それについてキリストは、マタイによる福音書二二章で次のように要約して教えておられます。
「『心を尽くし、精神を尽くし、
思いを尽くし（、力を尽くし）て、
あなたの神である主を愛しなさい。』
これが最も重要な第一の掟《おきて》である。

第二も、これと同じように重要である。

『隣人を自分のように愛しなさい。』

律法全体と預言者は、この二つの掟に基づいている。」

問五　あなたはこれらすべてのことを完全に行うことができますか。

答　できません。

なぜなら、わたしは神と自分の隣人を憎む方へと

生まれつき心が傾いているからです。

問六　それでは、神は人をそのように邪悪で倒錯したものに創造なさったのですか。

答　いいえ。

むしろ神は人を良いものに、また御自分にかたどって、

すなわち、まことの義と聖において創造なさいました。

それは、人が自らの造り主なる神をただしく知り、

心から愛し、

永遠の幸いのうちを神と共に生き、

そうして神をほめ歌い賛美するためでした。

『ハイデルベルク信仰問答』の言葉は明確です。人間の不幸、人間の惨めさを生んでいるのは、人間の罪です。何が罪か。それも明確です。神の戒めを守らないことです。神の戒めは何か条もある法律書が規定するような基準を定め、それに違反する罪を語りません。神の戒めは、主イエスが語られたように愛の戒めに尽きます。人間は神と関わり、隣人と関わります。この関わりが健やかでないから、自分が病み、惨めなのです。人間は初めから惨めであったわけではありません。神がご自分に似せて造ってくださった存在です。神をこころから愛する存在として造られていました。神を賛美することは、人間の最も自然な、人間らしいことでした。しかし、それを失いました。憎しみを宿すようになりました。

エフェソの信徒への手紙第五章は一節以下に、このように書いています。

あなたがたは神に愛されている子供ですから、神に倣う者となりなさい。キリストがわたしたちを愛して、御自分を香りのよい供え物、つまり、いけにえとしてわたしたちのために神に献げてくださったように、あなたがたも愛によって歩みなさい。あなたがたの間では、聖なる者にふさわしく、みだらなことやいろいろの汚れたこと、あるいは貪欲なことを口にしてはなりません。

卑わいな言葉や愚かな話、下品な冗談もふさわしいものではありません。それよりも、感謝を表しなさい。すべてみだらな者、汚れた者、また貪欲な者、つまり、偶像礼拝者は、キリストと神との国を受け継ぐことはできません。このことをよくわきまえなさい。

私たちはどこかで考えます。「卑わいな言葉や愚かな話、下品な冗談」も人間らしいことではないか。酒に酔って、卑猥《ひわい》な話に夢中になっているとき、私たちキリスト者が知らん顔をしていると、「お高くとまっている」と言われたりします。しかし、そのような卑しい言葉を口にすることは、むしろ人間らしくないことです。人間は本来神の子どもなのです。特にここで「貪欲な者」を偶像礼拝者と呼んでいるのは、私たちのこころを刺します。偶像礼拝は神を愛さないことです。イザヤ書第四四章九節以下で偶像礼拝とは何かを鋭く語ります。神の民でさえも、こんなことをしかねないのです。林から木を切って来て、薪《たきぎ》にして、からだを温め、料理に使って食べ飽き、「残りの木で神を、自分のための偶像を造り／ひれ伏して拝み、祈って言う。『お救いください、あなたはわたしの神』と」（一七節）。痛烈です。

預言者の叫びを共にしつつ

エレミヤ書第一七章九節、一〇節に、このような言葉が記されております。

人の心は何にもまして、とらえ難く病んでいる。
誰がそれを知りえようか。
心を探り、そのはらわたを究めるのは
主なるわたしである。

この最初の一行は、ルターの翻訳がよく知られています。「人の心は、つっぱっているか、いじけている」。新共同訳が言う「とらえ難い病」の原因を語っているのです。ひどく強気でいるか、そうでなければいじけている。この状況をデンマークのキリスト者の哲学者キエルケゴールが一八四九年に刊行した名著『死に至る病』で、「強気の絶望」、「弱気の絶望」として丁寧に描いて見せました。ここで「心」と訳されているレブは、一般的な「心」を表すヘブライ語ですが、人間の人格の中心にある人間を人間たらしめる意志の力のことだと説明されることがあります。それだけに痛みやすいのです。およそ人間のこころというものは、その中核のところで、これほどに捉え難く病んでいると言うのです。そしてまた、だからこそ、このこころを究めるのは「わたしひとりである」と神が名乗りを上げられるのです。まさにこの文章は「わたし、主が」と名乗りを上げておられるかと思われる文体なのです。そして人間自身が知ることができなくなっているほどに深いところで病んでいるこころなのです。

このような主なる神の言葉を伝える預言者エレミヤは、そこで、このような祈りを、主なる神に向かって叫ぶように献げます。

主よ、あなたがいやしてくださるなら
　わたしはいやされます。
あなたが救ってくださるなら
　わたしは救われます。

まるで預言者自身が、捉え難く、癒され難い罪の病に悩んでいるようです。いや、実際にそうであったのかもしれません。だからこそ、共に並んで座って、神に向かって顔を上げるのです。

悔い改めの対話

ここまで考えてくると、慰めのコイノーニアでなされる対話が、いかなる対話であるのかが明らかになります。惨めさを語る言葉を聴きつつ、そこで共に神の言葉を聴き始めます。このとき、ふたりの前に聖書が開かれることが当然のこととして求められます。そしてまた私たちの対話は、主の日の礼拝から礼拝への歩みのなかで行なわれています。礼拝で語られた説教の言葉が思い起こされます。これから聴く説教への期待が新しくされます。礼拝で受けた聖餐の恵みが思い起こされます。そしてこれから共にあずかる聖餐の祝いへの備えがなされます。教会堂から離れた場所でなされる対話であることも多いでしょう。しかし、慰めのコイノーニアであるエクレーシアにおける対話であることには変わりはありません。

そのような対話において惨めさを知る対話が始まると、それは当然のこととして、その惨めさを生んでいる罪を知るための対話になります。自分の罪を認める対話になります。罪を知るとき、その罪を悔い改めることを改めて知ります。

主イエスがガリラヤで伝道をお始めになったとき、こう告げられました。

ヨハネが捕らえられた後、イエスはガリラヤへ行き、神の福音を宣べ伝えて、「時は満ち、神の国は近づいた。悔い改めて福音を信じなさい」と言われた。

マルコによる福音書第一章一四節、一五節

この主の言葉をとても真剣に受けた、ひとりの修道士であったマルティーン・ルターが、改めてキリスト者と教会の歩みを吟味し直そうとして問題提起をしたときに、最初にこう書きました。一五一七年一〇月三一日のことでした。

私たちの主であり師であるイエス・キリストが「悔い改めよ」と言われた時、それは私たちの全生涯が（日ごとの）悔い改めであることを、お求めになったのである。

私たちプロテスタント教会の原点がここにあります。洗礼を受けた最初の日だけではありません。全生涯を貫いて、悔い改めが続くのです、それは毎日が悔い改めであるということです。これはとても具体的なことです。

そうであれば、具体的に検討しなければなりません。私たちの日常生活において、この悔い改めを真実に実行しているかということを吟味しなければなりません。主イエスが教えてくださった、私たちが「主の祈り」と呼ぶ祈りのなかで、主が特に重んじられたこともこのことでした。

あなたがたの父は、願う前から、あなたがたに必要なものをご存じなのだ。だから、こう祈りなさい。

「天におられるわたしたちの父よ、
御名が崇められますように。

御国が来ますように。

御心が行われますように、
天におけるように地の上にも。

わたしたちに必要な糧を今日与えてください。

わたしたちの負い目を赦してください、
わたしたちも自分に負い目のある人を赦しましたように。

わたしたちを誘惑に遭わせず、
悪い者から救ってください。」
もし人の過ちを赦すなら、あなたがたの天の父もあなたがたの過ちをお赦しになる。しかし、もし人を赦さないなら、あなたがたの父もあなたがたの過ちをお赦しにならない。
マタイによる福音書第六章八―一五節

「悔い改め」ということは、私たちのこころの向きを変えるということです。神に背を向けて罪の方に向いていたこころの向きを変えて、神に向き直り、神のところに帰ることです。罪の赦しを求めることです。主イエスは父に背いて家出をした息子が、惨めさのどん底にまで堕ちて悔い改め、父のもとに帰る物語をされました。その息子は、こう悔い改めます。「お父さん、わたしは天に対しても、またお父さんに対しても罪を犯しました。もう息子と呼ばれる資格はありません」（ルカによる福音書第一五章一八、一九節）。

このような悔い改めは、どこでどのようになされるのでしょうか。そこで聴くべきキリストの教会の歴史の最初から大切にされて来た主イエスの言葉があります。先に「慰めの対話」の章で、こころに留めたマタイによる福音書第一八章の言葉に続く、み言葉です。

兄弟が（あなたに対して）罪を犯したなら、行って二人だけのところで忠告しなさい。言うことを聞き入れたら、兄弟を得たことになる。

新共同訳では、「あなたに対して」という言葉がありますが、この言葉がない主の言葉のほうがより広く聴かれてきたのではないでしょうか。ここでは、信仰の仲間の誰かが罪を犯したとき、こちらから訪ねて行って、ふたりだけで語り合います。「忠告する」と訳されている言葉は、「光のなかに置く」という意味の言葉です。罪という闇のわざに神の光を当てます。罪を罪として明らかにします。しかし、同時に神の赦しの光のなかに置くのです。

このような悔い改めへと導く対話を、キリストの教会はとても大切にしました。たとえばカトリック教会では「告解」と呼ばれる対話が生まれました。カトリックの教会堂を訪ねると告解室という小さな部屋が用意されています。古い教会堂のなかに入ると、礼拝堂のなかに、そのための小屋のようなものが用意されていることもあります。聖職者に自分の罪を告げ、赦しの言葉を聴くことができます。そのためのきちんとした対話の順序が決まっています。今日では「赦しの秘跡」と呼ばれております。秘跡というのはサクラメント、つまりプロテスタント教会では聖礼典と呼ばれるもののひとつです。聖職者が行なう神の恵みによる罪の赦しが起こる聖なる手続きで、私たちが言う聖餐と共に重んじられております。『魂への配慮の歴史』を読むと、カトリック教会における魂への配慮のすぐれた指導者たちが何人も登場しますが、そこでは告解がとても大きな役割を果たしていることに気づきます。

ところでプロテスタント改革が起こったとき、この告解を廃棄してしまったということが言われます。それは不正確です。ルターは告解を聖餐と同じ意味での聖礼典であることには疑問を抱きました。しかし、告解のすべてを廃棄したことはありません。日本語では「ざんげ」と訳される言葉で、これを呼び、信徒が牧師と個人的な対話をし、罪を言い表し、罪の赦しの言葉を聴くことを大切にしました。ルター派の牧師のなかには、特にこの「ざんげ」を重んじる人びとがいました。『魂への配慮の歴史』を読むと、このことも学ぶことができます。

日本の多くのプロテスタント教会は、ルター派よりも改革派の伝統を受け継いでいると言えます。改革派のひとつの源流を作ったのはスイスのジュネーヴの牧師ジャン・カルヴァンです。カルヴァンはルターのようにカトリック的な告解を受け継ぐようなことはしませんでした。しかし、悔い改めを常になすべきことはよく知っていました。そしてその機会は何よりも礼拝にあると考え、礼拝のなかでなすべき悔い改めの祈りのモデルを書き残しました。このことは、日本の教会でも改めて自覚されるようになり、礼拝のなかで何らかの形で悔い改めをするようになりました。しかし、カルヴァンはその上で、個別的な悔い改めの対話をするように勧めました。このようなことから「一般的な魂への配慮」と「個別的な魂への配慮」という区別をし、そのいずれも重んじることを勧めることが、いわゆる牧会学の大切な主題となりました。

トゥルンアイゼンは改革派の牧師です。悔い改めをし、赦しの言葉を聴くことが、どれほど大切かをよく知っているひとです。そこで現代のキリスト教会がもう一度、これを何よりも重んじる魂への配慮の対話、慰めの対話をしようと呼びかけたのです。「あなたがたは羊のようにさまよっていましたが、今は、魂の牧者であり、監督者である方のところへ戻って来たのです」（ペトロの手紙一第二章二五節）。この聖書の言葉に従い、何としてでも、真実の「魂の牧者」である主イエス・キリストのもとに連れ戻すのです。そこにのみ、真実の慰めがあるからです。

トゥルンアイゼンはしかも、この悔い改めの対話が、ただ牧師だけではなく、信徒にもなし得ること、なすべきことではないかと提案しました。これこそが慰めの対話なのです。

日本の教会が学ぶべき対話

今まで述べて来たこと、これは、長いキリスト教会の歴史において伝統となって来たことです。現代の代表的な神学者としてよく知られるディートリヒ・ボンヘッファーも重んじたことです。牧師補研修所で、若い牧師補たちの指導をしていたときも、研修生のひとりに自分の悔い改めの言葉を聴いてもらっていたと伝えられています。私が何度かドイツに滞在していたときも、私のところに来て、自分がしたことを語り、共にその行為のどこが間違っていたかを吟味することを求め、その罪を認めたひともあります。最後に私が適切な聖書の言葉を読んで、祈りました。ある旅行会社が主催したスタディ・ツアーに参加したことがあります。三週間のバス旅行の間に、恋愛事件が起こり、失恋したドイツ人女性が、一度グループから抜け出してしまい、戻って来たことがあります。リーダーのところに行って謝罪してから、私の宿泊していた部屋に夜遅く訪ねて来て、私が牧師であることを知っていましたから、悔い改めをしました。よく話を聴いて、聖書の言葉を読んで、祈ってあげました。ほっとした顔をして帰って行きました。日本ではあまりないことではないでしょうか。

私が牧師であったとき、多くのひとを訪ね、また訪ねられ、多くのことを語り合いました。しかし、日本では、こうした悔い改めの対話をすることをわきまえてないひとが多いと思います。牧師であっても、教会員であっても、いわゆる人生相談に似た対話をすることを期待されています。確かにそれも必要です。しかし、自分の罪に気づき、悔い改め、そこからの解放を求めて、赦しの言葉を改めて聴く対話をしたいと求めるひとは多くはありません。教会がそのことをよく教えていないからです。悔い改めと赦しを集中して語る説教が少ないのです。

このようなときに、私は、その女性が私のところで何を語ったかはもちろん、私を訪ねたことも誰にも言いませんでした。

ルターの手紙

私たちの主題を学び続けるとき、おそらく、とてもいい手助けになるのは、クリスティアン・メラー『慰めの共同体・教会』（加藤常昭訳、教文館、二〇〇〇年）であると思います。これはひとつには説教論ですが、説教の働きを魂への配慮の側面から説き明かしています。それが興味深いことに、いつの間にか教会論、特に慰めの共同体としての教会を説く言葉に変わって行くのです。そのなかに改革者ルターが、同僚の牧師シュパラティンが、こころ深くなやむことがあり、妻が心配してルターに訴えたとき、それに応えてシュパラティン自身に慰めの手紙を書いたことが紹介されております。とても長い手紙ですが、それを全文、紹介しております（同書、二一四ページ以下）。ここでは、その一部を紹介します。よく味わってお読みください。

……私のこころから愛するシュパラティン、私はあなたにこころから同情しております。ですから、私どもの主キリストに真剣に祈り願っております。主があなたを励まし、喜ばしい勇気を与えてくださいますように。私が何としても知りたいし、熱心に問いたいことは、あなたがいかなる病のために苦しんでおられるのか、ということです。……私は敢えて申します。あなたがそれに罪責があるからと言って、死ぬほどにそれを苦にして、神に対して更に恐ろしい罪を犯そうと願っておられるのでしょうか。何が起こったにせよ、あなたは、そのことの故にひどく苦しみ、死んでしまわれるかもしれません。……

あなたは、このところで、これほどにご自身をいじめぬいてこられたのですから、それで十分です。それでも悲しみが止まりさえすれば（悲しみは、罪そのものよりも大きな、恥ずかしいものです）、罪は消え、覆われてしまうのです。そして祝福された慰めを聴かれることになるでしょう。主があなたのために預言者によって語りかけようとしておられる慰めです。エゼキエル書第三三章一一節は、こう語ります。「彼らに言いなさい。わたしは生きている、と主なる神は言われる。わたしは悪人が死ぬのを喜ばない。むしろ、悪人がその道から立ち帰って生きることを喜ぶ」。あなたは、主の手が短くて、おひとりでは、あなたを救うこともできないと思っておられるのでしょうか（イザヤ書第五九章一節）。それとも、あなたに恵み深く、慈しみ深くあられることを、おひとりで決めて、止めておしまいになったのでしょうか（詩編第七七篇一〇節）。それとも、あなたは、あまりにもひどい罪を犯したので、私どもの弱さを思いやってくださる大祭司をもはやひとりも持たなくなった最初のひとなのでしょうか（ヘブライ人への手紙第四章）。あるいはまた、このように肉に生きている人間には、あまりにも多くの悪魔の数知れない矢を射られ、時に傷つき、あるいは地に倒されることがあると思い込んでおられるのでしょうか。

私の愛するシュパラティン、私が思いますのに、あなたは、罪との戦い、良心の苦悩との戦い、あるいは、律法の告訴に対抗する戦いにまだ熟達しておられません。もしかすると、悪魔があなたの目から、あなたの記憶から、これまで聖書を読み、そこから読み取ってこられた慰めを見えなくしているのかもしれません、あなたは、この試練を受けられなかったときには、この慰めの言葉によって、キリストが何を職務とされ、どのような憐れみのわざをしてくださったかを思い起こすことを知っておられたのではありませんか。そうです、私が思い起こす限り、キリストは、キリスト者たちのすばらしいすべての説教を通じて、あなたに、そしてキリストにおいて私どもに、神の恵みと憐れみを示してきてくださいました。だからこそ、あなたは、喜びの霊と、大きな喜びの勇気とをもって、他の人びとを教え、戒め、慰め、そのこころを解き放ってこられたのです。おお、これまで、あなたはあまりにもやさしいこころを持った罪人であられました。そのために、ほんの小さな罪のために、ひとりで良心を悩ましてこられたのです。

それ故に、わたしのこころからの願い、また警告はこれです。どうぞ、私ども、とんでもない罪人たち、頑迷固陋《がんめいころう》な罪人の仲間入りをしてください。そのようにして、キリストを、絵空事の、子どもっぽい罪からしか救い出すことができないような小さな、頼りない存在にしてしまわないようにしてください。そうです、それはとんでもないことです。そんなことをすれば、私どもの益になりません。そうではなくて、キリストは神から救い主として私どものところに遣わされた方です。キリストだけが救い得る方です。まさしく、とんでもない大きな罪、重い、呪われるべき違反、罪業から救い得る方です。最大、最悪の、要するに、地上の罪すべてを犯した者をも救い得る方です。私を、シュタウピッツ博士が慰めてくださったのも、そのようにしてでありました。私もかつて、あなたとそっくりに、癒しを必要とする状況にあり、同じ試練のなかにありました。シュタウピッツ博士が慰め深く私に語りかけてくださらなかったら、このあまりの苦悩と悲しみに死んだのではないかとさえ思います。こう語ってくださったのです。「ああ、あなたは絵空事の、まさに絵に描いたような罪人になりたがっておられる。だからこそ、絵空事の、まさに絵に描いたような救い主だけを得ようとしておられる。正しく真実の事柄のなかに身を置いていただきたい。そしてこのことに習熟していただきたい。キリストはあなたの真実の救い主、あなたは真実の、大いなる、呪われるべき罪人であることに習熟していただきたい。神がみ子を送ってくださり、私どものために献げていてくださっているのに、神を軽んじ、絵空事を抱えてうろうろしないでいただきたい」。

……

ああ、私の愛するシュパラティン、キリストが私を通じて語られるみ言葉をよく聴き、信じてください。私は知っています。私が間違って語っているのではないことを。悪魔的なことなどは語りません。キリストが私を通じて語り、命じておられるのです。あなたが、キリスト者たちの共同の信仰を信じるべきことを。キリストは、この罪からも、すべての罪からも、あなたを赦して解き放ってくださいます。このように、私どもも、あなたの罪にあずかり、ともにそれを担いたいと願っております。それ故に、よく見てください。あなたもまた私どもと共に、私どもに与えられている慰めにあずかられるのです。この慰めは、確かで、真実のものであり、主ご自身が、これをあなたにも伝えるように、命じてくださいました。そしてあなたにも、これを受け入れられるように命じられました。なぜかと言えば、私どもが、あなたがこれ以上、この重い悲しみに苦しみ悩まれることを望まないのと同じように、主は、そのことをよしとはされないのです。あなたに命じ、慰め、あなたの試練、すなわち悪魔が与える苦悩を憎み、呪われる方を斥けようとしないでください。だからこそ、悪魔が、真実とは異なるキリスト者を描き、思い浮かべさせることを許さないでください。悲しみのあまり、キリストを砕こうとするような悲しみは、悪魔のしわざです。あなたは、もう十分に不安を抱きました。十分に苦しみました。十分に苦痛に耐えてこられました。いや、それどころか、十分以上なのです。

私の愛するシュパラティン、どうぞ、よくご覧ください。私がどれほどこころを込めてあなたを遇し、語りかけているかを。私があなたから返していただきたいと願う最高の報いは、この私が語る慰め、すなわち、キリストご自身の赦免、赦し、そして目覚めさせてくださるみわざを受け入れてくださることです。それをなさったら、（あなたご自身が立ち直るに従い）ご自身で、このことを、語り、告白せずにおれなくなるでしょう。あなたが、この従順のわざをもって、主に、最も喜んで受け入れていただける献げものをしたことを。こう記されているとおりです。「主が望まれるのは主を畏れる人／主の慈しみを待ち望む人」（詩編第一四七篇一一節）。同じように詩編第三四篇一九節もこう語ります。「主は打ち砕かれた心に近くいまし／悔いる霊を救ってくださる」。詩編第五一篇一九節は、こう歌います。「しかし、神の求めるいけにえは打ち砕かれた霊。打ち砕かれ悔いる心を／神よ、あなたは侮られません」。

それ故に不敵な悪魔を、その悲しみもろとも立ち去らせなさい。すごすごと立ち去るがよいのです。悪魔は、ただ私どもをいささか悲しませるばかりでなく、私どもが主にあって知る喜びを妨げようとします。そうです、一度は、私どもすべての者を呑み込むことができるかもしれません。だが、私どもの主キリストが、悪魔を罰してくださいますように。そして必ず罰してくださるでしょう。その主キリストが、あなたをその霊をもって正しく立て、慰め、支えてくださいますように。アーメン。奥さまを、同じ言葉、いや、これにまさる言葉をもって慰めてあげてください。これ以上手紙を書き続けるいとまがありません。

一五四四年八月二一日　　ドクトール・マルティヌス・ルター

この手紙については多くのことを考え、語ることができます。それはそれぞれにしていただけるとありがたいと思います。私はこの手紙を愛読しております。この長い手紙の趣旨を凝縮して表現しているのは、この言葉です。「どうぞ、私ども、とんでもない罪人たち、頑迷固陋な罪人の仲間入りをしてください。そのようにして、キリストを、絵空事の、子どもっぽい罪からしか救い出すことができないような小さな、頼りない存在にしてしまわないようにしてください。そうです、それはとんでもないことです」。私たちに委ねられている慰めとは何かをも、実に的確に語っていると私は思っております。

第六章　天国の鍵

主の教会建設の意図

ここでちょっと立ち止まり、キリスト教会の魂への配慮の営みがどこから生まれて来たかを学び直してみます。もちろん、この働きは、主イエス・キリストが教会に与えられた務めです。既に聴き始めている聖書の言葉ですが、改めて聴くことにしましょう。マタイによる福音書の次のふたつの言葉です。このふたつの聖書箇所が伝える主の言葉に共通のことは何でしょうか。

第一六章一三―一九節

イエスは、フィリポ・カイサリア地方に行ったとき、弟子たちに、「人々は、人の子のことを何者だと言っているか」とお尋ねになった。弟子たちは言った。「『洗礼者ヨハネだ』と言う人も、『エリヤだ』と言う人もいます。ほかに、『エレミヤだ』とか、『預言者の一人だ』と言う人もいます。」イエスが言われた。「それでは、あなたがたはわたしを何者だと言うのか。」シモン・ペトロが、「あなたはメシア、生ける神の子です」と答えた。すると、イエスはお答えになった。「シモン・バルヨナ、あなたは幸いだ。あなたにこのことを現したのは、人間ではなく、わたしの天の父なのだ。わたしも言っておく。あなたはペトロ。わたしはこの岩の上にわたしの教会を建てる。陰府の力もこれに対抗できない。わたしはあなたに天の国の鍵を授ける。あなたが地上でつなぐことは、天上でもつながれる。あなたが地上で解くことは、天上でも解かれる。」

第一八章一五—二〇節

兄弟があなたに対して罪を犯したなら、行って二人だけのところで忠告しなさい。言うことを聞き入れたら、兄弟を得たことになる。聞き入れなければ、ほかに一人か二人、一緒に連れて行きなさい。すべてのことが、二人または三人の証人の口によって確定されるようになるためである。それでも聞き入れなければ、教会に申し出なさい。教会の言うことも聞き入れないなら、その人を異邦人か徴税人と同様に見なしなさい。

はっきり言っておく。あなたがたが地上でつなぐことは、天上でもつながれ、あなたがたが地上で解くことは、天上でも解かれる。また、はっきり言っておくが、どんな願い事であれ、あなたがたのうち二人が地上で心を一つにして求めるなら、わたしの天の父はそれをかなえてくださる。二人または三人がわたしの名によって集まるところには、わたしもその中にいるのである。

共通のことはすぐわかるでしょう。「あなたが地上でつなぐことは、天上でもつながれる。あなたが地上で解くことは、天上でも解かれる」。「あなたがたが地上でつなぐことは、天上でもつながれ、あなたがたが地上で解くことは、天上でも解かれる」。これが両方で語られている言葉です。「あなた」と「あなたがた」と、単数と複数の違いがありますが、いずれも教会の務めを果たすように主に命じられた者たちです。地上で主のわざをします。それは地上で解いたり、つないだりする仕事です。「解く」というのは「解放する」ということです。罪から解放することです。言い換えれば「赦す」ということです。「つなぐ」というのは、その反対です。罪とつなぎます。罪の責任を問います。審くことです。教会が地上で赦しを与えると、それは天における赦しとなります。神の赦しとなるということです。つまり、神の赦しと審きのみわざは、地上における教会がする赦しと審きによって実現するということです。驚くべきことです。

ついでのようですが、ヨハネによる福音書第二〇章一九節以下にも、このような主の言葉が記されております。主がお甦《よみがえ》りになった日の夕方、甦られたばかりの主イエスは、鍵をかけて閉じこもっていた弟子たちを訪ねてくださいました。そのときに、このようなことが起こったと記されております。

そこへ、イエスが来て真ん中に立ち、「あなたがたに平和があるように」と言われた。そう言って、手とわき腹とをお見せになった。弟子たちは、主を見て喜んだ。イエスは重ねて言われた。「あなたがたに平和があるように。父がわたしをお遣わしになったように、わたしもあなたがたを遣わす。」そう言ってから、彼らに息を吹きかけて言われた。「聖霊を受けなさい。だれの罪でも、あなたがたが赦せば、その罪は赦される。だれの罪でも、あなたがたが赦さなければ、赦されないまま残る。」

ヨハネによる福音書もまた、甦られた主が、弟子たちにすぐに派遣命令を与えられ、その弟子たちに与えられた使命は「罪の赦しの言葉」を語ることでした。弟子たちが罪の赦しを告げる言葉、それは直ちに現実に赦しを生みます。弟子たちの赦しは、直ちに神の赦しとなるのです。マタイによる福音書が「天国の鍵」と呼ぶ権威が、弟子たちに与えられたのです。

この赦しのわざをすることができることを、主イエスは「天国の鍵」と呼んでおられます。天国の扉の鍵です。天国を開いてあげる権限を、主は教会にお与えになりました。

マタイによる福音書第一六章では「あなた」と記されています。明らかにペトロのことです。カトリック教会の礼拝堂には、この場面を描いた絵画や、あるいは彫刻が掲げられていることがあります。カトリック教会では、この鍵がペトロ個人に与えられたと考えます。ペトロは、のちにローマの司教になりました。ペトロに続くローマの司教たちが、この鍵の権限を継承すると信じます。この鍵の権限の所有者が教会の中心になります。これが教皇です。ローマ・カトリック教会は、この教皇の権威によって成り立ちます。教皇は、この天国の鍵の権限を行なうために、諸教会にその権限によるわざを委ねているのです。

私たちプロテスタント教会は、そのようには考えません。しかし、「天国の鍵」を捨てたのではありません。教会が罪の赦しを地上で実現するわざを主キリストから与えられているということを否定しておりません。そうではなくて、この天国の鍵をどのようなものと理解するかでカトリック教会と異なるのです。

天国の鍵をお与えになる前に、主イエスは、人びとはご自分のことをどのような存在であると言っているかをお問いになりました。その上で弟子たちに問われました。「それでは、あなたがたはわたしを何者だと言うのか」。ペトロひとりの考えを問われたのではありません。明らかに弟子たちを代表してペトロはお答えしました。「あなたはメシア、生ける神の子です」。眼前におられるナザレのイエスを、あなたこそ、私たちの救いをもたらす、今生きておられる神の子であられます、人間イエスを神の子と認め、今ここで救いを実現してくださる方であると言いました。人間の歴史において、初めて主イエスに対する信仰が言い表されました。ペトロが今代表している、イエス・キリストを信じる弟子たちの共同体、これを基礎に「教会を建てる」と宣言されました。弟子たちすべてを念頭に置いておられたことは、第一八章で「あなたがた」と呼びかけておられることによって明らかです。

祈りの共同体

第一六章で主イエスが、その建設を宣言された教会が、実際にいかに天国の鍵を用いるのか。実際に、どのように「罪の赦し」を実現するのか。そのことについて語られたのが第一八章です。一五節以下に、とても丁寧に教えてくださいました。誰かが罪を犯したときに、いったい、どうしたらよいのか。ここでは教会員の誰かが実際に罪を犯したとき、主のみこころに従い、どのようにしたらよいか、を教えてくださっています。最初にふたりだけの対話が勧められます。そのことについては既に丁寧に語りました。そこで罪を発見し、罪を悔い改めるように導く対話が求められました。しかし、罪を認めないひともあるでしょう。そのときには、自分以外のひとりかふたりの教会員に同行を求めます。自分の言葉が誤っていないことの証人となり、一緒になって説得してもらうためでしょう。そして、それでもうまくいかなかったら、「教会」に申し出て、その処置に委ねます。この「教会」というのは、天国の鍵を正しく用いることができるように、教会の権限を用いる責任を持っている人びとのことではないでしょうか。使徒たちがそれに当たったかもしれません。あるいは早くから教会の共同体の中核にいたと思われる「長老たち」が、その判断をしたのかもしれません。

しかし、そこでこころに留めたいことがあります。このような言葉に続いて、主がこう約束してくださっていることです。「はっきり言っておくが、どんな願い事であれ、あなたがたのうち二人が地上で心を一つにして求めるなら、わたしの天の父はそれをかなえてくださる。二人または三人がわたしの名によって集まるところには、わたしもその中にいるのである」。この主イエスの言葉は、多くのキリスト者がこころに刻んでいるものです。ふたりでも三人でも、主イエスの名によって集まる、というのは、教会を造るということです。主イエスに招かれたから集まっているのです。まさにエクレーシアを造っています。しかも、ここでは共通の「求め」があります。ほかの何も求めません。ここでは罪を犯した兄弟のために集まっています。罪を犯しても、それを率直に認め、悔い改める柔らかなこころになりません。持て余しています。罪人が滅んでしまい、そのために天の父のみこころを痛めてしまうことのないようにしたいと思うのに思うようになりません。そこで、しかし、私たちは祈ることができます。祈らずにおれません。そのとき、この主キリストの約束の言葉を思い起こすことができるのです。そこに私も仲間入りしている、と主イエス・キリストが告げていてくださるのです。これこそがキリストのエクレーシアです。「祈りに集中しているエクレーシア」です。

天国の鍵の務めを果たす説教

マタイによる福音書が伝えた主イエスのお言葉を、その後の教会は何度も真剣に思い起こし、問い直しました。私たちに委ねられた天国の鍵とは何であろうと。プロテスタント改革もまた、そのことを新しく問い直したものだとも言えるでしょう。従って、改革者たちと、その後継者たちが書き残した諸文書においても、「天国の鍵とは何か」という問いが何度も問い直され、その答えを求めてきました。

たとえば、改革者ルターが書いた、ルター派教会が大切にしている『シュマルカルデン条項』（一五三七年）という文章のなかにこのような言葉があります（『宗教改革著作集』第一四巻、徳善義和訳）。

福音について

我々は再び一度福音に戻ろう。これは罪に対して一通りの仕方でだけ勧めと助けを与えるのではない。神はその恵みにおいて豊かなかただからである。第一に口頭のみことばによってである。そこでは全世界に向けて罪の赦しが説教される。これこそ福音の本来の務めである。第二に洗礼によって、第三に聖壇の聖礼典によって、第四に鍵の権能と、また、マタイによる福音書第一八章〔二〇節〕に「ふたりが集まるところには」などとあるように、兄弟相互の会話や慰めによってである。

また『ハイデルベルク信仰問答』（竹森満佐一訳）には、このような言葉があります。

問八三　その鍵の役目とは何ですか。

答　聖なる福音の説教と、キリスト教の戒規であります。この二つにより、天国は、信ずる者らに開かれ、信ぜぬ者らには、閉ざされるのであります。

ふたつを比べてみて、すぐ気がつくのは、赦しは説教を通じて起こるということです。先に引用したヨハネによる福音書第二〇章が伝える主の言葉も、弟子たちに赦しの言葉を与えられたのです。福音を語る説教の「本来の務め」は、まさにこの赦しを告げることにあるとルターは言い切っております。説教者がこの本来の務めを明確に果たす説教をすることができるように、教会は祈り、これを支えます。その説教は説教者個人の言葉を語るものではありません。赦しの言葉、天国の鍵を委ねられた教会の使命を果たすのです。魂への配慮の対話もまた、この赦しの福音を語る説教に支えられています。常に説教を思い起こし、説教に帰ります。

ドイツのルター派の教会で説教をしたことがあります。私が説教をしたのは、かなり高い説教壇でしたが、その木造の説教壇の前面には鍵を抱いたペトロの姿が刻まれておりました。

兄弟姉妹の慰めの語り合い

ところで、この説教に始まり、説教に根ざし、教会は更に天国の鍵の務めを果たすための道を与えられています。ルターは、『シュマルカルデン条項』で、その点、とても丁寧に語ります。説教を聴き、赦しの恵みにこころを開く者は洗礼を受けます。そして、聖餐にあずかる教会員の仲間入りをします。聖餐にあずかるたびに赦しの恵みに立ち帰ります。このことは何度でも思い起こさなければなりません。それに続いて、第四のこととして挙げているのは、厳密に言うとふたつのことです。そこで挙げられている「鍵の権能」というのは、内容的には、先に述べた「ざんげ」の対話のことです。ルター派の教会では、この「ざんげ」は、牧師と信徒の間でなされる、明確な罪の告白、悔い改め、そして赦しの神の言葉を聴く対話のことであると思います。

ところがルターは、それに留まりませんでした。更に付け加えて書きました。「マタイによる福音書第一八章〔二〇節〕に『ふたりが集まるところには』などとあるように、兄弟相互の会話や慰めによってである」。ルターは、マタイによる福音書第一八章が伝えた主イエスの言葉にある、「二人または三人がわたしの名によって集まる」というのを、ただ祈るために集まるのではなく、そこで語り合うためであったと理解しました。それは慰めのための語り合いでした。明らかにそこで罪を語り、悔い改めの言葉が交わされ、赦しを告げるみ言葉が読まれ、慰めを告げ合ったのでしょう。

実際にルター派の教会で、この兄弟姉妹の語り合いが行なわれたのかは、今のところ私はよく知りません。ただ、思い出すのは、『魂への配慮の歴史』第八巻に紹介される、メソジスト教会の歴史の起点にあるジョン・ウェスリ（ウェスレー）のことです。ウェスリは、ルター派教会に属する敬虔派の人びとに出会い、ただ信仰によってのみ生かされることの大切さに気づきました。またルターが書いた『ローマの信徒への手紙への序言』が朗読されるのを聴いて、「回心」を体験しました。やがてウェスリは、メソジスト運動を起こします。『魂への配慮の歴史』においてウェスリの働きを描き出したミヒェル・ヴァイアーは、メソジスト派とは魂への配慮のための運動であったと語っています。メソジスト教会のひとつの特色は「組会」と呼ばれる小グループを形成することですが、それはただ親しい教会員の交わりを造るためのものではありませんでした。一〇人か一二人ぐらいの小集団で、毎週一回集まりましたが、それはまさしく悔い改めと慰めの会話をするためでした。ルターの言葉を実現していたのです。

慰めの対話の共同体を求めて

この『シュマルカルデン条項』の言葉が、どこまで真剣にルター派教会で受け止められてきたかは疑問です。特にドイツの教会は、住民のすべてが同時に教会員であったのですから、かえって兄弟姉妹の交わりを造るのが難しかったのです。そのために敬虔派と呼ばれる人びとが、既成教会のなかに、更に緊密な信仰の交わりを作る共同体を形成してきました。そこで兄弟姉妹の対話を重んじてきました。あるいは、ナチと戦ったディートリヒ・ボンヘッファーは、フィンケンヴァルデというところで、牧師になる前の牧師補たちと共同生活をしながら学ぶ施設の指導をしましたが、そこでも罪と赦しのための対話を重んじました。『共に生きる生活』という著書は、その体験に根ざして書かれました。

エードゥアルト・トゥルンアイゼン先生の『牧会学Ⅰ』は、改革派の立場に立ちながら、このルターの言葉を重んじ、教会員が互いに牧会者、魂への配慮の言葉を語る兄弟たちの共同体として、教会が形成されることを求めました。ハイデルベルクのメラー教授が書かれた『慰めの共同体・教会』もまた、この『シュマルカルデン条項』の言葉をとても大切にしています。こうした神学者たちは、今こそ自覚的に対話する共同体として教会を形成したいと願っています。そこに教会再生の道があるのです。

ある米国の神学者が、兄弟相互の会話を語る『シュマルカルデン条項』の言葉を、このように現代風に解釈しています。「カウンセリング、聖書研究、祈祷などを通して、信仰が強められ、キリスト者としての配慮や関心が表される、心の過程」。気がつくのは、兄弟相互の対話、慰めが、とても広く理解されていることです。祈祷まで含まれます。それは正しいとも言えます。トゥルンアイゼン先生は、通りでたまたま出会って挨拶するようなところでも慰めの対話が成り立つと言い、メラー先生は、美容院で働く女性がお客さんと仕事中に交わす会話が慰めの共同体を作ると見ています。なるほどと思います。

しかし、そこで何を語るかです。何が起こるかです。ルターは、福音の言葉であることを求めました。ここでは、キリストの恵みに生かされる兄弟姉妹である私たちが、教会において交わし合う語り合いの言葉が問われます。いったい私たちは何を、どのように語り合っているのでしょうか。そこで赦しが起こるでしょうか。主の祈りで、いつも祈る赦しの祈りが造る交わりの対話となっているでしょうか。ここでは、語り合うことと慰めることとはひとつです。教会の集まりに行けば兄弟姉妹に会い、語り合い、赦しの恵みにあずかり、慰めを得ることができる。いつもそのように確信して、兄弟姉妹の交わりを喜ぶことができればと祈り願います。

戒規をめぐって

『ハイデルベルク信仰問答』は、ルターと異なり、天国の鍵が働くのは、説教の次に「戒規」を通じてであると言いました。戒規というのは、あまり一般的に用いられる言葉ではありません。『現代国語辞典』などには出てきません。プロテスタント教会の特有の用語です。カトリック教会では用いないわけではないようですが広く用いられてはいないようです。プロテスタント教会の教会員でも、あまり重んじないのではないでしょうか。しかし、教会の歴史においては大きな意味を持ってきました。

戒規の起源は、マタイによる福音書第一八章一七節に記されている「それでも聞き入れなければ、教会に申し出なさい。教会の言うことも聞き入れないなら、その人を異邦人か徴税人と同様に見なしなさい」という主の言葉にあります。罪を犯したひとに悔い改めを促して、教会の責任者が悔い改めを促しても、それでも言うことを聴かなかったらどうしたらよいか。ユダヤ人社会で排除されていた「異邦人か徴税人と同様」に扱いなさい、と言っておられると理解したのです。そこで教会は聖餐によって造られたコイノーニアですので、聖餐にあずかること、つまり陪餐をすることを禁じます。しかし、これは期限付きです。一定の期間、たとえば三か月間陪餐を停止し、その間に自分の罪を悔い改めるならば、陪餐を始めることができます。これは決して教会のコイノーニアから排除することではありません。

マタイによる福音書の詳細な注解書を書いたドイツの新約聖書学者が、ここに記されている主の言葉を忠実に実践しているのは修道院ではないか、と書きました。『魂への配慮の歴史』第三巻に、修道院の父と言われるベネディクトゥスが紹介されております。このひとが書き、のちの修道院の歴史に大きな影響を与えた修道院のための規則がそこでも紹介されています。ベネディクトゥスは、とても丁寧に修道士で罪を犯した者の取り扱いを示しています。過ちを犯した者は、さしあたり修道士たちとの交わりから排除されます。しかし、修道院長は、そのひとのために失われた羊を肩に乗せて連れ帰るために全力を挙げるように求められております。

戒規というのは英語で言うとディシプリンという言葉の翻訳です。ディサイプル、つまり弟子という言葉が元になっています。ディシプリンというのは「しつけ」、「訓練」とも訳されます。主イエスの弟子としての道を整えることです。しかし、それは悔い改めて、主の赦しの恵みのなかに立ち続けることです。何度でも主の恵みに戻ることです。ルターはキリスト者の全生涯が「悔い改め」であることを願いましたが、それは、このことを意味します。主イエスが教会の言うことも聴かず、悔い改めをしない者を徴税人のように見なしなさい、と言われたとき、主イエスご自身が徴税人を悔い改めに招き、食卓を共にしてくださったことを思い起こします。教会は、そこでも主の恵みを語り続けます。その意味では、戒規は処罰の規則ではなく、悔い改めに生きるための訓練の道のひとつであると言えるでしょう。

赦しのコイノーニア

ここで前章に引用したルターの手紙を思い起こしてください。「頑迷固陋な罪人の仲間入りをしてください。……キリストを、絵空事の、……頼りない存在にしてしまわないようにしてください」という切実な願いの言葉を思い起こしてください。そして、マタイによる福音書第一八章で、教会が天国の鍵をどのように用いるべきかを語られた主の教えに続いて、ペトロと主の間に、このような対話があったことをもこころに留めましょう。二一節以下です。

そのとき、ペトロがイエスのところに来て言った。「主よ、兄弟がわたしに対して罪を犯したなら、何回赦すべきでしょうか。七回までですか。」イエスは言われた。「あなたに言っておく。七回どころか七の七十倍までも赦しなさい。そこで、天の国は次のようにたとえられる。ある王が、家来たちに貸した金の決済をしようとした。決済し始めたところ、一万タラントン借金している家来が、王の前に連れて来られた。しかし、返済できなかったので、主君はこの家来に、自分も妻も子も、また持ち物も全部売って返済するように命じた。家来はひれ伏し、『どうか待ってください。きっと全部お返しします』としきりに願った。その家来の主君は憐れに思って、彼を赦し、その借金を帳消しにしてやった。ところが、この家来は外に出て、自分に百デナリオンの借金をしている仲間に出会うと、捕まえて首を絞め、『借金を返せ』と言った。仲間はひれ伏して、『どうか待ってくれ。返すから』としきりに頼んだ。しかし、承知せず、その仲間を引っぱって行き、借金を返すまでと牢に入れた。仲間たちは、事の次第を見て非常に心を痛め、主君の前に出て事件を残らず告げた。そこで、主君はその家来を呼びつけて言った。『不届きな家来だ。お前が頼んだから、借金を全部帳消しにしてやったのだ。わたしがお前を憐れんでやったように、お前も自分の仲間を憐れんでやるべきではなかったか。』そして、主君は怒って、借金をすっかり返済するまでと、家来を牢役人に引き渡した。あなたがたの一人一人が、心から兄弟を赦さないなら、わたしの天の父もあなたがたに同じようになさるであろう。」

何度まで赦したらよいのか。ペトロのほとんど愚かとも言える問いは、私たちの問いです。赦すことは難しいことです。しかし、赦しは罪を軽視することではありません。真剣に罪を罪として問います。だから悔い改めることをも真剣に問います。そして悔い改める者を真剣に赦します。私たち自身が主イエス・キリストの十字架における赦しなくしては生きられない者だからです。主が語られた譬え話もそのことを示唆していてくださいます。十字架の赦しが貫かれる「罪人の共同体」として教会を建てていてくださいます。そのような教会である私たちが、主イエスに対して、あなたこそ、真実の救い主、神の子です、と告白し続けます。慰めの対話においても！

第七章

何を語り合うのか　その二

平安を求めるこころ

日本基督教団代田教会の牧師が一年間米国留学のために留守になり、その間の礼拝説教をするために何度か通いました。ある主日礼拝を特に伝道礼拝とし、そのための説教をしました。そのなかで「キリストの平和」について語りました。礼拝の後で、求道者の方たちを中心にした語り合いの時間を過ごしました。代田教会には、かつて東京大学経済学部教授であった隅谷三喜男先生がおられ、礼拝に忠実に出席するだけでなく、求道者の指導などを誠実に果たしておられました。その先生が、かなり厳しい声で、なぜ平和を語って、平安を語らないのか、と問われました。質問と言うよりも、新共同訳が「平安」とも訳し得るエイレーネーというギリシア語を判で押したように「平和」と訳していること、それをそのまま容認して、私が「平和」を語ったことに、いささか怒りを含んだような批判の言葉を述べられたのです。日ごろの温厚な隅谷先生を知っておりましたので、その激しさにたじろぎながら、たどたどしい応答をしたことを覚えています。「平和などというものではない。平安以外の何ものでもないではないですか」。強い口調でした。

平和と平安と同じではないか。そう考えるひともあるでしょう。それも間違いではないかもしれません。しかし、隅谷先生は、「違う！」と言われる。なぜでしょうか。平和は争いがないことです。和やかな関係が支配することです。神との間にも、隣人との間にも平和が支配しています。キリストがもたらしてくださった和解が成り立ったからです。赦しの愛が支配しているのです。

平安、それは不安と対立します。不安に勝ってこそ生まれる穏やかな世界です。何が不安を喚び起こしていたのか。死です。死のもたらす不安に勝つ、いのちの平安こそ望ましいのです。隅谷先生も死を見つめておられました。重い病を経験し、その時も闘病中でした。今は私も病を負いつつ、後期高齢者の仲間入りをしました。八〇歳を超えているのです。よくわかります。毎日、死がいつ訪れるかわからない、と覚悟する思いがあります。いつ死んでも周囲の人びとは、よくここまで生きた、と思うでしょう。地上の生涯の終わりを見つめつつ平安でいられるということはどういうことでしょう。口に出すひとは少ないでしょうが、多くのひとが死を意識して生きている、ということは明らかです。

東日本大震災に際してもまた、死がいつも身近に迫っていることに気づかされました。

慰めのコイノーニアである教会こそ、この不安と向かい合い、確かな平安を告げるべきではないか、そういう慰めの言葉を告げてほしいのだという声は切実だと思います。先に引用したマタイによる福音書第一六章でも、主はこう告げておられたのです。一八節です。「わたしも言っておく。あなたはペトロ。わたしはこの岩の上にわたしの教会を建てる。陰府の力もこれに対抗できない」。私たち教会には「陰府の力」、つまり死の力も対抗できない、と言われました。私たちは死の力には抵抗できない、と思い込んでいるところがあります。しかし、ここで既に、私たちに対して死の方が抵抗できなくなる、と約束していてくださるのです。

私たちの慰めの対話で、罪の悔い改めと赦しが主題となると共に、死と、それに対する真実の慰めもまた主題となるはずです。死はあまり好ましい話題ではありません。私たちは、何となく自分たちの死を意識しないように生きる知恵を発揮しているのかもしれません。しかし、私たちの慰めの対話においては、死を語ることを避けることはありません。改めて自分の罪に気づかされるように、自分の死を改めて意識し、その死に向かって歩んでいる人生をどのように生きることが許されているかを確かめたいと思います。

教会の誇り

『魂への配慮の歴史』第一〇巻に登場するひとりが、一九世紀に、ドイツのバイエルンの農村ノイエンデッテルスアウの牧師を三五年務めたヴィルヘルム・レーエです。牧師として与えられた教会の務めに励んだだけのひとであったとも言えますが、レーエの働きから生まれた神学校が今は立派な神学大学となり、社会福祉施設も見事な働きをし、ドイツのルター派教会のひとつの中心地となりました。しかし、レーエは、何よりも魂への配慮にこころを尽くした牧師です。トゥルンアイゼンの『牧会学』をはじめ、牧会学の教科書が、牧会者の手本としてよく言及します。そのレーエの姿に、この『歴史』において触れることができるのは、すてきなことです。

一読して忘れることができないのは、レーエ牧師の、こういう言葉です。「ノイエンデッテルスアウの人びとは、たとえ、立派に生きることができなかったとしても、立派に死ぬことは心得ておりました」。村人たちの人生はさまざまです。成功するひともあり、挫折するひともあります。誰もが立派に生きたとは言えないかもしれません。しかし、すべての人びとが立派に死ぬことは心得ている。しかし、「立派な死に方」とは何でしょう。従容として死を受け入れることでしょうか。醜い死にざまを見せないということでしょうか。その意味では死に方はさまざまだし、自分で選ぶわけにはいきません。そうではなくて、それは言うまでもなく教会に生きる者として、最期を迎える道をわきまえていたということでしょう。そして、むしろ、それは、そのひとひとりの課題ではなく、教会そのものの課題でした。このことを、レーエのように、一種の誇りをもって語り得る牧師はさいわいです。

たとえば、こう書いております。レーエ牧師は、「昼であろうが夜であろうが、いかなる時間にも、病む者、臨終の者を見舞う備えをしていた。臨終の者の傍らには、何時間もおり、祈りとサクラメント（聖餐）によって、死に臨むこころを軽くしてあげようとした。そのようなとき、ノイエンデッテルスアウにおける慣習となっていたのは、そのような牧師の見舞いと、患者の家庭で祝われる聖餐には、隣人や、村人たちもまた、同席することであった。……この課題を、レーエは重視し、教会員の傍らにいつも近くあろうとして、あまり旅行することさえもなかった。ノイエンデッテルスアウにおいては、牧師の助けを得ないままで、誰かが死ぬということは稀であった」。死を迎える仲間を孤独にせず、その魂への配慮に生きることは、「レーエにしてみれば、教会の群れがするべきこと、キリスト者であれば、誰もがすべきことであった。そこで、誰もが、レーエから、本質的に大切なことを学ぶことができたし、今でも学ぶことができるのである」。

死に勝つ慰め

『魂への配慮の歴史』第五巻は、改革者たちの牧会者としての姿を描き出して、感銘を与えます。たとえばジュネーヴの改革者ジャン・カルヴァンです。そこで紹介される代表的なカルヴァンの言葉は、すべて死に関わります。愛する息子を失った父を慰める手紙、フランスで殉教の死を迎える若者たちへの手紙、また、フランスから迫害を逃れてカルヴァンのもとに辿り着きながら、間もなく死去した女性の臨終に、早朝五時から立ち会い、死に至るまでの一部始終を女性の親友に書き送った手紙もあります。私たちの魂を揺さぶるような言葉が続いています。カルヴァンは、激しい教会改革の戦いを続けながら、レーエと同じように、教会員ひとりひとりの臨終に立ち会うことにいつも努めたようです。

私が、鎌倉の教会の牧師になって間もなく、ある会員の最期が近いと教えられ、病院に急ぎました。ところが、付き添っていた家族から、訪問を断られました。「まだ早すぎる」と言うのです。仏教では僧侶が、まだ生きているひとを訪ねれば縁起でもないということになります。教会を知らなかった家族の誤解でした。私が何のために来たかを説明したら、すぐに病人のところに案内してくれました。私たちに与えられている慰めの言葉は、このように死に直面している人びとの傍らにおいて語られる言葉でもあるのです。

レーエ牧師が言う「立派な死」を死ぬことができるように、教会は助けます。そこでこそ、慰めは力を発揮します。ひとりが病を得ます。まさに闘病生活が始まります。教会は、その戦いに寄り添います。ひとりが病むと、その家族はみとりに生きるようになります。それは時に忍耐が要る、果てしのないような思いがする生活です。そこでも教会は寄り添います。しかし、癒されないことがわかることがあります。そうすれば、今度は、人生の最期を迎えるための戦いが始まります。そこでも教会は寄り添い続けます。もし病んでいるひとがまだ洗礼を受けていなかったら、洗礼を勧めます。洗礼を受けているひとであるならば、聖餐を持って訪ねることもします。

鎌倉雪ノ下教会の牧師でありましたときには、降誕と復活の祝いのときが近づくと、牧師たちが分担して聖餐を携えて病人を訪ねました。病床聖餐と呼びました。改革者たちは、聖餐を病人のところに運ぶのを禁じました。ローマ・カトリック教会では、ミサにおいて聖別されたご聖体――私たちでは聖餐に用いるパンです――を病人、あるいは出産を待つ母親のところに運ぶ慣習があります。そのように聖別され、聖なるものに変化した物質を運んだりすることを改革者は批判したのです。私たちがするのは、それとは違います。病床を訪ね、そこで聖餐を祝う礼拝をするのです。ですから、少なくともひとりの長老の同行を求めます。もっと多くの教会員が同行し、あるいは家族が同席することがあります。病院によっては訪問の趣旨を伝えると、そのために別室を用意してくれることがあります。必ず短い説教をします。これは病床洗礼でも同じです。必ず説教をするのです。説教があってこそ、礼拝となるのです。降誕や復活の祝いのときでもないときに、聖餐を携えて訪ねると、「もう最期が近いのですね」と言う病人もおります。そうです、その備えをします、と率直に言うと、喜んでみ言葉を聴き、聖餐を受けます。医師が重体であると診断したので、家族が連絡してくれて、こちらもそのつもりで聖餐を共に祝うと、そのために活力が回復して、その後何年も元気で過ごした方たちが何人かおります。

教会員の死への歩みだけではありません。教会員の家族、友人、洗礼を受けていないひとであっても、求められれば、誰でも訪ねます。教会に関わりがなかった、ある外交官が病からの回復の見込みがなくなったとき、既に信仰を与えられていた娘の勧めもあって、私の訪問を求めました。病床できちんと衣服を整え、正座して迎え、洗礼を受けるまでの準備はないが、すべてをよろしく頼むと言われました。武士の最期に立ち会うようないさぎよさと厳しさを覚えつつ、み言葉を語り、祈りました。葬りののち、遺族はすべて洗礼を受けました。主の福音の慰めの深さを実感しました。

このようなとき、牧師は孤独ではありません。教会のこととしてすべてを行ないます。死を迎えつつある仲間のことは、教会員に報告し、必要ならば見舞いを頼みます。病床聖餐に同行を求めます。

改革者カルヴァンだけではありません。牧師たちは、教会員は、こころにかけたひとが遂に死に臨むときも、その傍らにあります。これは読者の方たちにも心得ていただきたいことなのです。病んでいるひとが息を引き取ってから初めて牧師に連絡するひとがあります。しかし、できるならば、その前に牧師の来訪を求めてよいのです。牧師でなくても、信仰の仲間でもよいのです。臨終に立ち会うのです。最後の祈りをするのです。鎌倉の病院では、私が行くと病床にいた医師や看護師が席を空け、私が病人の手を握り、祈りをすることができるようにしてくれるところがありました。教会の祈りが、そのひとの最後の歩みを支えるのです。

主イエスと共に

臨終の友や、既に地上の旅路を終えた友のところに赴くとき、牧師はいつも緊張します。死と立ち向かい、慰めの言葉を告げに行くのです。歩きながらも聖霊の助けを求めて祈りました。そのようなとき、私がいつもこころに思い起こしていた聖書の記事があります。

それから間もなく、イエスはナインという町に行かれた。弟子たちや大勢の群衆も一緒であった。イエスが町の門に近づかれると、ちょうど、ある母親の一人息子が死んで、棺が担ぎ出されるところだった。その母親はやもめであって、町の人が大勢そばに付き添っていた。主はこの母親を見て、憐れに思い、「もう泣かなくともよい」と言われた。そして、近づいて棺に手を触れられると、担いでいる人たちは立ち止まった。イエスは、「若者よ、あなたに言う。起きなさい」と言われた。すると、死人は起き上がってものを言い始めた。イエスは息子をその母親にお返しになった。

ルカによる福音書第七章一一―一五節

一人息子を失って泣き続けるやもめの母と、その悲しみを共にする人びとが作る葬列に向かって歩まれる主イエス、そして「もう泣くな」と声をかけ、柩《ひつぎ》に手をかけられた主イエス、死者に向かって「起きよ」と言われた主イエス、ヨハネによる福音書第一一章においてもラザロの墓を訪ね、ラザロを「出てこい」と言って呼び出されました。そこでラザロの姉妹マルタとマリアに、「わたしこそ命である」と言われました。私は、この主イエスと共に歩かせていただいていると、いつも思いました。復活されたキリストのからだである、教会の仲間と共に慰めの存在として、死者の家に向かって急いでいるのだと思いました。

神の家・教会の力

私より三歳若い弟は、既に肺がんのために地上の生涯を終えております。若いときは教会の集会に出ておりましたが、社会人になってからは洗礼を受けないままに遠ざかっておりました。退職してから、教会生活を再開したいとも願ったようですが、その暇もなく間もなく肺がんが見つかり、厳しい闘病生活が始まりました。最後の入院となったとき、すぐに私が呼ばれました。弱り切った弟が、かすかな声で言いました。「神さまの家で葬りをしてもらいたいのだが」。私はすぐに受洗を勧め、家の近くの牧師、長老たちの訪問を受け、洗礼を受け、聖餐にあずかり、時を隔てずに最後の別れとなりました。悲しみのなかでも、洗礼を受けてのちの死去は慰めになりました。弟との短い対話は忘れることができません。しかし、なぜ「教会の手による葬りを」と言わずに「神さまの家で！」と言ったのでしょう。何十年もの間、若いときに教会で聴いた聖書の言葉がこころに刻まれていたのでしょうか。それとも教会から遠ざかった間にも、聖書をひっそりと読み続けていたのでしょうか。闘病が始まってからのことなのでしょうか。「神の家」、それは創世記第二八章一九節に現れた印象深い言葉です。荒れ野の旅をしていて野宿したヤコブに夢を見させ、主なる神がヤコブを訪ねてくださった出来事が起こった場所が、そう名付けられました。しかしまた、このヤコブの物語を受け止めてのことでしょうが、ヘブライ人への手紙第三章一―六節にこのように記されております。

　だから、天の召しにあずかっている聖なる兄弟たち、わたしたちが公に言い表している使者であり、大祭司であるイエスのことを考えなさい。モーセが神の家全体の中で忠実であったように、イエスは、御自身を立てた方に忠実であられました。家を建てる人が家そのものよりも尊ばれるように、イエスはモーセより大きな栄光を受けるにふさわしい者とされました。どんな家でもだれかが造るわけです。万物を造られたのは神なのです。さて、モーセは将来語られるはずのことを証しするために、仕える者として神の家全体の中で忠実でしたが、キリストは御子として神の家を忠実に治められるのです。もし確信と希望に満ちた誇りとを持ち続けるならば、わたしたちこそ神の家なのです。

ヘブライ人への手紙は、イスラエルの民がモーセに導かれた「神の家」であったように、キリストの教会はキリストが支配される「神の家」であると言います。甦《よみがえ》られた主イエスが支配されるいのちの家です。そこで断言します。「もし確信と希望に満ちた誇りとを持ち続けるならば、わたしたちこそ神の家！」。すばらしい言葉です。キリストの教会に生きる者たちがこころに刻むべき言葉です。

「失われた息子」のように、この神の家から離れていた弟のために祈り続けた兄でしたが、その弟が、この「神さまの家」に帰って、そこから神のみもとに送ってほしかったのだと改めて思いました。

私たちの兄弟イエス

ヘブライ人への手紙は、それに先立つ第二章一四節から一八節までに、こう語っております。

ところで、子らは血と肉を備えているので、イエスもまた同様に、これらのものを備えられました。それは、死をつかさどる者、つまり悪魔を御自分の死によって滅ぼし、死の恐怖のために一生涯、奴隷の状態にあった者たちを解放なさるためでした。確かに、イエスは天使たちを助けず、アブラハムの子孫を助けられるのです。それで、イエスは、神の御前において憐れみ深い、忠実な大祭司となって、民の罪を償うために、すべての点で兄弟たちと同じようにならねばならなかったのです。事実、御自身、試練を受けて苦しまれたからこそ、試練を受けている人たちを助けることがおできになるのです。

この聖書の言葉は、とても率直です。人間は死を恐れます。なぜか。肉体を持っているからです。「血と肉を備えて」いるからです。私は心臓の手術をしました。二時間半を要しました。しかし、失敗しました。医師が予定していた処置をすることができずに、心臓に入れていたカテーテルを抜きました。とても不思議な体験でした。それ以来、胸の動悸を感じ取りながら、今もなお心臓が動いていてくれることに感謝しております。これが止まったら肉体のいのちが尽きるのです。この肉体は地上から消えるのです。幼児の頃から病床に就くことが多かった私は、自分の肉体が消えるのだということを思うたびに深い恐怖を覚えました。小学校に入る前に、病床にあって夢に月が現れました。大きな月です。病床に就いたまま仰ぎ見ていると月が金色のしずくを垂らし始めました。そのひとつが窓から見える鎮守の社の森の木に落ちたと思うと、ぴょんぴょんとはねて窓から飛び込んできました。金色の大入道です。死神でした。その私が「死の懼《おそれ》に由りて生涯、奴隷となりし者ども」という、この一四節の言葉に心惹かれるようになったのはいつごろからだったでしょうか。

ヘブライ人への手紙は、そこで、主イエスの救いというのは、まさにそのような恐怖から私たちを解放するためのものであったと言うのです。だから主イエスは私たちと同じ「血と肉」を備えた人間となってくださったと言うのです。「すべての点で兄弟」となってくださったのです。死の恐怖をも共有する「兄弟」となってくださったのです。なぜかと言うと、肉体が無くなるという事実に恐れおののくのも私たちの罪のためでした。神に背き、神無くして生きていかれると思い込んでいる私たちの罪が、私たちに惨めな恐怖から逃れられない思いを生んでいたのです。私たちを神の前でとりなし、結びつけてくださる「大祭司イエス」は、まさにそこで私たちの「兄弟」でいてくださるのです。

陰府に降るキリストの慰め

『魂への配慮の歴史』第五巻において、スイスの神学者ハンス・ショルが改革者カルヴァンを紹介する文章は、まさにそのような人間の絶望と向かい合って神の言葉、キリストの恵みを語り続けた伝道者の姿を示します。

特に私のこころに深く刻まれたのは、使徒信条の「陰府に降り」という言葉についてのカルヴァンの説き明かしです。たとえば、カルヴァンが子どもたちの信仰告白準備教育のために書いた『ジュネーヴ教会信仰問答』は、この告白の言葉について、六つも問いを重ねています。一三歳ぐらいの子どもたちに、とても丁寧に、なぜこれから自分の信仰の言葉として告白する使徒信条が、主イエスが死者として葬られ、「陰府に」まで降られたと言い表すのか、わかってもらおうとしました。陰府というのは英語で言うとヘルです。地獄と訳されることもあります。死者の世界です。しかも神に背いた死者たちが赴くと思われていたところです。使徒信条は、主イエス・キリストは、「死んで葬られ」陰府に降ったと言いますが、カルヴァンは、十字架につけられた主が、「わが神、わが神、なぜわたしをお見捨てになったのですか」と叫ばれたとき、既に陰府に降られたと見ています。ただ単に死を体験しておられるのではなく、陰府の名こそふさわしい罪人の死、神に審かれる罪人の死の苦しみを味わっておられたと言うのです。そこでは「その間、しばらく彼の神性は隠れました」という驚くべき言葉さえ用いています。主イエスは、しばらく神であられることをお止めになったとさえ受け止められ得る表現です。正確に言えば、まことの神であられたからこそ、そこまで徹底して罪人の死を受け入れられたと言うことでしょう。

ハンス・ショルは陰府降りを、キリストが、私たちの絶望、良心の不安、絶対的な神からの隔たりの状況に踏み込まれたこととして解釈する、このカルヴァンの理解を重視します。こう書いています。

魂が突き進み得る極限状況、それに対しては、死もなお甘美なものとしか思われないような極限状況のなかにこそ、人間性におけるキリストは突き進まれたのである。……カルヴァンは、既に死において、というのではなく、その陰府降りにおいて初めて、キリスト論的な筋道が、その最も深いところに達するとされることによって、キリスト者がする魂への配慮に、その極限においても、たとえば、自殺防止その他の状況においても道を拓いて見せた。それが、信仰告白における この地点から、魂への配慮が、そのわざのために不可欠とする希望を与えてくれるのである。

まことの神であられた方が、まことの人間となられ、罪人に代わって十字架につけられたとき、人間の誰もが達し得なかった最も深い絶望を知ってくださった。それ故に、自殺を願うほどの絶望に落ち込んだ人びとをも支える慰めの言葉が教会に与えられたと言うのです。ヘブライ人への手紙第二章の言葉が意味することを、そのように言い表しているのです。「悪魔を御自分の死によって滅ぼし、死の恐怖のために一生涯、奴隷の状態にあった者たちを解放なさるためでした」というのはそういうことです。

十字架を高く掲げる教会は、絶望したキリスト、陰府に降ったが故に、私どもを、絶望から希望へと引き上げてくださるキリストの恵みを語り続けています。説教者は十字架を語り続けています。私は、しかし、教会の交わりもまた、人生に傷つき、死にたいと思うほどに絶望する人びとを、どのように招き、迎えることができているかを、常に問い続けたいと思います。その視点から、自分たちの教会が、絶望する者を下から支える共同体となっているかどうかを、教会員自身が共に吟味することができればと願っております。

望みに満ちた葬りのわざ

教会葬という言葉があります。社葬とか校葬という言葉と同じ意味であると理解し、牧師の葬式のときにのみ用いたりします。しかし、私は、教会における葬式は、誰の葬りであっても、すべて教会葬であると思います。牧師が司式する葬式には、教会員がすべて招かれているということです。いや、客として招かれるというよりも、慰めのコイノーニアであるエクレーシアを造る者たちは、葬式の担い手として、牧師と共にあるのです。

鎌倉の牧師をしておりましたとき、キリスト者でない方の葬りを頼まれたことが何度もありますが、なぜキリスト教会における葬式を願うのか、遺族の考えをよく聴いてから、ほとんど引き受けました。愛する者の葬りを教会に、教会が信じる主のみ手に委ねる遺族のこころを尊重し、私たちと同じ祈りをするように求めます。そして、そのようなときにこそ、教会員の立ち会いを求めました。一面識もなかったひとの葬りに、多くの教会員が出席してくれました。讃美し、祈り、遺族を慰めてくれました。司式する牧師を支え、遺族を支えてくれました。葬りは、牧師に教会員と共に教会を生きている慰めを深く与えるときです。

いのちのオリエンテーション

日本語化している外来語にオリエンテーションというのがあります。企業でも学校でも用います。新入社員や新入生に、企業や学校の営みを説明し、よく理解して一緒に生活できるように指導します。一定の方向に皆が姿勢を整えて歩み出せるように指導するのです。この言葉がキリスト教会から生まれたことを知るひとは少ないかもしれません。本来、教会の建築用語です。オリエンスという「太陽が昇る」ことを意味し、「東」を意味するようになった言葉が基にあります。その東に向かって教会堂を建てるのがオリエンテーションです。なぜか。東から太陽が昇るように主イエス・キリストが甦られたことを思い起こすためです。

東の壁には窓をうがち、朝の光が礼拝堂を満たしました。昔からそうしたのです。太陽が昇るように復活された主の光を浴びて礼拝をしたのです。いつでしたか、カトリック、プロテスタントのキリスト者、しかも教会堂建築に関心を持つ専門家、それに信徒有志が加わり、ロマネスク教会堂を訪ねる旅をしたことがあります。フランスのル・トローネ修道院を訪ねました。廃墟ですが、原型は留めています。主日の朝でした。許可を得て、そこで礼拝をしました。一般客に先んじて入れてもらいました。しかし、入り口で皆立ち止まってしまいました。正面に開かれた窓から射す朝の光が石造りの礼拝堂内部を照らしていました。石が輝いていました。驚きの声を上げるひともいました。その光のなかに座って私が詩編第三六篇を読み、説教しました。

神よ、慈しみはいかに貴いことか。
あなたの翼の陰に人の子らは身を寄せ
あなたの家に滴る恵みに潤い
あなたの甘美な流れに渇きを癒す。
命の泉はあなたにあり
あなたの光に、わたしたちは光を見る。

多くの教会堂は正面に十字架を掲げています。そしてそこで行なわれる礼拝は、礼拝堂は東を向いていなくても、この復活されたいのちの主を礼拝することにおいては同じです。礼拝のたびにいのちのオリエンテーションをします。そのいのちのオリエンテーションに従い、日ごとの悔い改めを重ねて主に身を向け続けた仲間の肉体を迎えて行なう葬りもまた、光を浴びての礼拝です。柩も死者の足が正面を向くように縦に置くのが本来の置き方です。礼拝の姿勢を取り続けるのです。

第八章

主イエスを愛する群れを

祈りの道を拓く

またボーレン教授の講義における脱線の話をします。やはり東京神学大学で集中講義をされたときです。こんな話をされました。スイスのバーゼルでのことです。ある女性が夫を急に喪いました。その悲しみは深いものでした。絶望していたのです。教会の牧師が訪ねました。あまりに悲しみが深く祈る気にもなりません、と訴えました。牧師は若かったのでしょうか。祈りもできない、と言ったので、お気持ちはよくわかります、と言い、祈りもしないで帰ってしまいました。私たちも体験することです。あまりにも厳しい現実にぶつかると声を失う、と言います。大震災に遭って、言葉を失う、と言った牧師たちも多いと聞きました。祈りの言葉も失ったのでしょうか。

ところで、その女性の知人であったのでしょうか、死去した夫の友人であったのでしょうか、フォン・バルタザールというカトリックの神学者が訪ねてきました。やはり、祈れないほど悲しい、と訴えました。しかし、バルタザールは、そんなことはない、あなたは祈れます、一緒に祈りましょう、主の祈りを覚えているでしょう、一緒に主の祈りを祈りましょう、と誘いました。そして共に祈りました。ボーレン教授は、この女性はその後カトリック教会に移ったと語られました。

トゥルンアイゼンは慰めの対話は祈りに終わると言いました。最初から並んで神の方を向く対話だと言いました。慰めは祈りと深く結びつきます。ヤコブの手紙第五章一三節に、「あなたがたの中で苦しんでいる人は、祈りなさい。喜んでいる人は、賛美の歌をうたいなさい」とあります。そこでボーレン教授は言うのです。祈りなさい、と言いつつ、祈れないと嘆く者と共に祈って、祈りへの道を拓き、その祈りを共に祈るのだと言うのです。

ヤコブの梯子を

また『魂への配慮の歴史』に戻ります。第一二巻は、二〇世紀後半に、魂への配慮に生き抜いた人びとを紹介します。そこにひたすら霊性指導司祭として生き続けたヨハネス・ブールスというカトリック司祭が紹介されます。霊性指導というのは、信徒の霊性の生活、信仰の生活の同伴者として生きる務めです。特に神学を学ぶ学生たちの魂への配慮に専心したひとです。この面で大きな働きをした、カトリックの現代における代表的な魂への配慮のひとでした。そのなかでの印象深い言葉を読んでみます。

ブールスの生涯を通じて、またいつも考えていたことを通じて、赤い糸のように、一貫していた主題があり、それが「道」という主題であったということである。ヨハネス・ブールスは、……自分自身が、二十世紀の暴力的とも言えるほどに激しかった、いくつもの大変換の経験を重ねたのである。生まれたのは王政の時代であった。しかも、第二次大戦をも経験している。戦後の時代を明確な意識をもって受け止めている。学生紛争の不安の時代もよく知っている。そして今日の世界的な規模における不安と脅威の日々をも知っているのである。神学教育に当たり、学生たちの同伴者として過ごした三十年に及ぶ働きを通じて、若者たちと経験を分かち合い、さまざまな変革、繁栄、危機、騒乱を、目覚めた思いで受け止め、それにあずかってきた。……それらのものが与える刺激、要求、またそれらに欠けているものをも検出した。そうすることによって、本質的な人生を生きるのに資するものを取り出し、それを説き明かすようにしたのである。

従って、創世記第二八章一二節を引用して、どのような人間にも、天に昇るはしご〔『聖書　新共同訳』では「階段」と訳されている〕を用意することが大切であることを示唆したのも驚くことではない。具体的な出来事、経験をするときに、そのはしごを用意すべきだと言ったのである。そうすれば、どんなことが起こっても、そこで、われわれがしっかりと歩むことができることには変わりはないとしたのである。これは、理想と現実の間にある緊張関係に直面するところで、直接の結果を生んだ。明るい目をした理想主義と諦めを抱いて人生を嘲笑せざるを得なくなる思いとの間にあって、大切なことは、「しっかりと道を歩むこと」なのである。……道を歩むということは、方向を定めて求め続けることであると理解し得るであろうが、このことと関連があるのは、生きておられる神によって受け入れられているという基本的な信頼のこころである。多くの点で正しいと思われる「道そのものが目的である」という命題があるが、これも、ブールスのパースペクティヴにおいては、むしろ、キリスト者の信仰の故に逆転を余儀なくされる。「目的こそが道そのものである」。

ブールスは神学校で働いていましたが、授業はあまりしなかったようです。寮で共同生活をしながら、学校で学ぶ学生たちの霊性に心を配り、常に対話し、また告解を聴き、聴罪司祭として働いていました。霊的な講話をし、祈りを指導しました。一五〇〇人を超える司祭たちが、若いときにブールスの魂への配慮を受け、卒業してからも、その霊性指導に導かれることが多かったと言います。日本のプロテスタント神学校の教育には見られないものです。ブールスはプロイセンの王政を知り、ヴァイマール共和国、ヒトラーの独裁、第二次大戦、敗戦、国家再建、そして遂には学生紛争の時代まで体験しています。危機の連続でした。そのなかで傷つきやすく、動揺しやすい若者、しかも司祭として生きるべき若者たちの霊性の危機と常に向かい合って来ました。それは「理想と現実の間にある緊張関係に直面するところで、直接の結果を生んだ。明るい目をした理想主義と諦めを抱いて人生を嘲笑せざるを得なくなる思いとの間にあって、大切なことは、『しっかりと道を歩むこと』だということを教えることでした。「明るい目」は原文では「ブルーの目」です。われわれ日本人であるならば、黒い明るいまなざしを失わない理想主義です。私もまた天皇制国家体制、太平洋戦争、敗戦、民主主義による国家再建、そして学生紛争によって象徴される大きな時代変化を体験して来ました。明るい目の理想主義と、まなざしから光が消えた諦めのこころと、そのいずれをも知っています。それだけに霊性指導に当たったブールスが、そこでなお確かなものとして何を与えようとしたかにとてもこころを惹かれるのです。

そこでブールスが、それぞれの若者がその内面に「ヤコブの梯子」を持つことこそ重要であると勧め、それを助けるところに自分の課題を見たということは、現代日本の教会に生きるわれわれにとっても忘れてはならない意味を持つと思います。われわれの伝道の課題がここにあるとも言えます。ひとのこころの最も深いところに、天に通じる道が造られる。家にいられなくなって旅に出たヤコブが石を枕に野宿しました。夢に「先端が天まで達する階段が地に向かって伸びており、しかも、神の御使いたちがそれを上ったり下ったりしていた」。そして明らかにその階段を用いて主なる神が自分の傍らに来られました。ヤコブは夢から覚めたときに言いました。「まことに主がこの場所におられるのに、わたしは知らなかった」（創世記第二八章一六節）。

「ヤコブのはしごのおかげで可能となるのは、全体の意味をよくわきまえながらも、いつも理想の高みにいる必要はないということである。道を歩むということは、方向を定めて求め続けることであると理解し得るであろうが、このことと関連があるのは、生きておられる神によって受け入れられているという基本的な信頼のこころである」。生きておられる神の訪問を受けることによって、人生の旅は確かなものとなります。自分が「理想の高み」に立つことが道を確かにするのではなく、生きておられる神によって受け入れられているということが生きることを確かなものとするのです。

私は、このヤコブの梯子（階段）を造ってあげることこそ、慰めに導くことになるのではないか、と思います。主の祈りを一緒に唱えるということも、そのためのすばらしい手だてだと思います。祈りへの道を拓くということは、同時に神の訪問のために道をいつも開いて待っているということです。ヤコブの梯子（階段）は、私たちが神のところまで昇って行くためではなく、神が降りてきてくださる道なのです。

ホモ・リトゥルギクス

同じ『魂への配慮の歴史』第一二巻に含まれる「ロシア正教会の牧会者」の章で、師父アレクサンデルについて語っています。ロシア正教会については私たちは、あまりよく知りません。しかし、東ヨーロッパに大きく広がっている、今もいきいきと生きている教会です。『魂への配慮の歴史』のなかに、ロシア正教会が取り上げられるのは意表を衝くことかもしれませんが、十分な理由のあることでした。一般的に魂への配慮の歴史は、古代の「砂漠の師父たち」から語り始められます。古代、特に北アフリカの砂漠に都会を離れて修道の生活をしながら、多くの人びとの魂の導き手となった修道士たちのことです。古代に生まれた東ローマ教会の教理と典礼をほとんどそのまま継承すると共に、この師父たちの霊的な系譜を受け継ぎ、生き続けているのが正教会です。そこには、この砂漠の師父たちの系譜を受け継ぐ「長老」と呼ばれる存在があります。このような、教会の職務とは別の意味で

「長老」と呼ばれている人びとの存在は、ドストエフスキーの『カラマーゾフの兄弟』に登場する長老ゾシマによってわれわれのこころに刻まれております。ゾシマのモデルとなった長老アンブロシイというひとがいたこともまた知られております。文字通り「年老いたひと」を意味するスラブ語スターレッツの名で呼ばれる長老たちは、やはり正教会特有の修道制が生んだものでした。教会固有の聖職者の制度には属しません。しかし、教会と深く結びついて、まさに霊性指導の領域で大きな力を発揮しました。あのスターリンの時代においてさえも大きな感化を残したようです。その詳細は『魂への配慮の歴史』を読んでいただく以外にないでしょう。

そのスターリンの時代に大きな感化を残した長老たちのひとりアレクサンデルのもとで入信し、やがてフランスに追われた、ある女性作家の若い時代を回想する言葉をここで読んでいただきます。長老は「父」と呼ばれております。カトリック教会において「神父さま」と呼ばれていることに対応することです。

師父アレクサンデルが、こう呼びかけられたことがあります。「あなたは自分の才能を埋もれさせてはいけません」。そこで、許してくださらなかったのは、こころが混乱することであり、おしゃべりに熱中してしまうことでありました。霊的生活においても、日常生活においても、どんな歩みをするのにも必要なのは、集中ということでありました。それは、厳格な、言って見れば、一種の荘厳さを見せる姿勢でありました。正教会の信仰に生きる者は、誰であっても〈ホモ・リトゥルギクス〉（homo liturgicus）〔神礼拝に生きる人間〕なのです。礼拝に生きることによって、純化されるのは、意識だけではありません。意識が、不必要な一切のもの、せわしなく生きたり、小さなことにこころを煩わされることから純化されることに留まらないのです。礼拝に生きると、顔つきが変ります。歩き方も、声も、まなざしも変ります。ですから、司祭アレクサンデルは、自分は、礼拝に出席しないで、礼拝が終わってから訪ねてくるだけのようなひとは、すべて斥けておられました。キリスト者の魂は、毎日曜日、〈自動的に〉礼拝に向かわざるを得ないものなのだとよく言われました。キリスト者が日曜日に礼拝に行くことを怠ると、一週間全部が空しくなり、満たされないままになります。結局のところ、正教会のキリスト者には、〈礼拝本能〉とも言うべきものが発達するはずであると、よく言っておられました。

説明しなくてもよくわかる文章です。礼拝形式を意味する英語リタージーという言葉があります。レイトゥルギアというギリシア語がもとになっています。人間とは何かということを考えるとき、人間はホモ・サピエンス（知恵のひと）であるとか、ホモ・ファーベル（造るひと）であるという古典的な人間理解を学びます。現代のオランダの学者ホイジンハはそれにホモ・ルーデンス（遊ぶひと）という人間の本質を捉える言葉を重ねました。ここではそれよりももっと根元的な人間の本質規定としてホモ・リトゥルギクスという言葉を学びます。礼拝せずにおれない人間です。まさに存在の奥深くに天とつながる梯子を与えられている人間です。礼拝しない人間は人間であるための最も基本的なものを失ったままなのです。神を拝むことが自然なこととなっている人間となるとき、その顔つきも、歩き方も、声までも変わる。からだまで神の方を向いて生きるようになるのです。霊性が肉体化します。

トゥルンアイゼンは、慰めの対話が、礼拝から礼拝に向かう歩みのなかに位置することを教えてくれました。だからこそ、いつも祈りによって天に向かって窓を開く慰めの対話、慰めのコイノーニアの対話を造ることができるのです。

日本における霊性の父

ブールス、アレクサンデル、これらの人びとはヨーロッパのキリスト教会のなかに息づいて来ている、今日よく用いられている言葉で言えば、〈霊性〉の伝統の担い手です。カトリック教会、正教会、いずれも霊性を重んじてきました。現代の日本においても、カトリック教会においては霊性を語るだけではなく、霊性を生きる営みがなされていると思います。あるカトリック教会の神学者が書いている霊性論を読みましたら、日本で霊性を語り始めた先駆者は『日本的霊性』を書いた鈴木大拙《だいせつ》であろうと書いておりました。禅の代表的思想家です。しかし、これは誤りです。既に植村正久牧師が『霊性の危機』という書物を出しております。私はこれは今日改めて復刊してよいほどの名著だと思っております。富士見町教会初代の牧師であった、この植村牧師は、日本の信仰の歴史を開拓した重要な人物のひとりです。この説教者において大切なことのひとつは、霊性という言葉が、そこで大切な役割を果たしていることです。日本キリスト教団出版局から大内三郎著『植村正久』が、著者没後に刊行されました。そこでも、植村牧師の「霊性」という独特の用語に注目したいと言います。しかも、「霊性」という語自体は、植村牧師だけではなく、明治のキリスト者たちによってしばしば用いられた言葉であり、「人が神の力にとらえられるとき、人の心の深奥に覚醒される性、という意味で使われていた」と説明されています。「霊性」とは、「生命の秘義を感ずる」こころであり、「悠久無限なるもの」を慕い、「神々しきもの」との出会いを渇望するこころです。それは「『聖』それ自体との対峙を希求する心なのである。言いかえれば植村における『霊性』は、道義心や宗教心よりもさらに深く心の奥底に内在して聖なるものに感応する性が意味されていたのであると言えよう。しかしながらこの『霊性』もまた、本来的に罪という『病』を負っている。植村が罪を『霊性の病』と呼んだことは、注目すべきことである」。

ここで言う霊性の病は、私たちの存在に深く根ざしているはずの、あの天に通じる梯子が歪んでいるということです。通じなくなっているということです。そこで病んでいるということです。神に対する姿勢が歪んでいます。神への愛を失い、それどころか、『ハイデルベルク信仰問答』の言葉で言えば、神を憎んでいます。そこで癒しが起こらないと、私たちが癒されることはありません。言うまでもないことですが、現代の日本人もまた深く〈霊性の病〉に悩んでいます。それは、霊性の「枯死」とも呼ばれています。霊性の枯死からの回復こそ、十字架の贖いのわざであると語られます。

植村正久のもとで霊性の枯死から救い出され、牧師になったひとに森明がいます。中渋谷教会初代の牧師です。その子息に森有正先生がおります。日本の思想界に大きな感化を残したひとです。このひとは創世記が語るアブラハムを愛しました。自分とアブラハムとがひとつになっているような印象があります。アブラハムについては何度も語りました。『土の器に』というすてきな講演集も出ています（日本キリスト教団出版局、一九七六年）。そのなかで語られたひとつの言葉は、多くの人びとに深い感銘を残しました。

それから、もう一つの点は、人間というものは、どうしても人に知らせることのできない心の一隅を持っております。醜い考えがありますし、また秘密の考えがあります。またひそかな欲望がありますし、恥がありますし、どうも他人に知らせることのできないある心の一隅というものがあり、そういう場所でアブラハムは神様にお眼にかかっている。そこでしか神様にお眼にかかる場所は人間にはない。人間がだれはばからずしゃべることのできる、観念や思想や道徳や、そういうところで人間はだれも神様に会うことはできない。人にも言えず親にも言えず、先生にも言えず、自分だけで悩んでいる、また恥じている、そこでしか人間は神様に会うことはできない。

この言葉が愛されるのは、皆それぞれに思い当たるところがあるからです。その通りだと思います。そして、この神に出会う「心の一隅」、これはまさに植村牧師が言う「霊性」であると思います。天から降りて来る梯子はここに降りて来るのではないでしょうか。慰めの対話は、その助けになればよいのではないでしょうか。

『霊性の危機』のなかで、特に私が印象深く読んだ植村牧師の言葉は、これです。「彼得《ぺてろ》前書第一章八節に、耶蘇を見ざれども之を愛し今見ずと雖《いえど》も信じて喜ぶ、其の快楽は言ひ難く且つ栄光《さかゑ》ありといへり。我等も見えざる基督との関係此《かく》の如く親密に、且つ高尚ならんを要す。基督と弟子との関係は霊化せられしなり」。ここで植村牧師が引用する聖書の言葉は、新共同訳では、ペトロの手紙一第一章八節です。「あなたがたは、キリストを見たことがないのに愛し、今見なくても信じており、言葉では言い尽くせないすばらしい喜びに満ちあふれています」。神を愛するということは、主イエスを愛する愛を知ることによって回復するのです。〈霊性〉とは、このような主イエスに対する愛の故に喜びに溢れて生きるところにあるのです。これが霊化された私自身の存在の中核にあるものであろうと思います。

植村正久は、説教者の任務は、イエス・キリストを紹介することであると強調しました。こころの一隅で、この主イエスのご訪問を受けることができるようにと説教をします。主イエスに対する愛がそこで燃えるようにと語ります。

説教者は、まず誰よりも先に主イエス・キリストの愛を知ります。その愛する主を、霊性において病む人びとに紹介します。その愛を体験できるように愛を込めて語ります。ですから、私は『愛の手紙・説教――説教を問う』（教文館、二〇〇〇年）という本を書きました。説教は、聴き手に宛てた愛の手紙の文体を持つ。そう主張しています。

そして使徒パウロは、コリントの教会の人びとについて書きました。「あなたがたは、キリストがわたしたちを用いてお書きになった手紙として公にされています。墨ではなく生ける神の霊によって、石の板ではなく人の心の板に、書きつけられた手紙です」（コリントの信徒への手紙二第三章三節）。主イエスが、霊性において病んでいる世を、どれだけ愛していてくださっているかを、私たちは身をもって知っています。主を愛する愛を知って、私たちはすこやかになりました。そして、今は世に宛てての主イエスの愛の手紙そのものとなっています。世に宛てた、主からの慰めの手紙なのです。死への恐れのとりこになっている世に対して、既にその恐れから解き放たれた者たちの、甦《よみがえ》りのいのちに生きる存在そのものが綴る手紙なのです。

第九章

慰めの言葉を求めて

愛の自己吟味

使徒パウロは、コリントの信徒への手紙一第一三章で、うるわしく、また深く、教会に与えられる最高の霊の賜物である愛を語りました。

たとえ、人々の異言、天使たちの異言を語ろうとも、愛がなければ、わたしは騒がしいどら、やかましいシンバル。たとえ、預言する賜物を持ち、あらゆる神秘とあらゆる知識に通じていようとも、たとえ、山を動かすほどの完全な信仰を持っていようとも、愛がなければ、無に等しい。全財産を貧しい人々のために使い尽くそうとも、誇ろうとしてわが身を死に引き渡そうとも、愛がなければ、わたしに何の益もない。

愛は忍耐強い。愛は情け深い。ねたまない。愛は自慢せず、高ぶらない。礼を失せず、自分の利益を求めず、いらだたず、恨みを抱かない。不義を喜ばず、真実を喜ぶ。すべてを忍び、すべてを信じ、すべてを望み、すべてに耐える。

愛は決して滅びない。預言は廃れ、異言はやみ、知識は廃れよう、わたしたちの知識は一部分、預言も一部分だから。完全なものが来たときには、部分的なものは廃れよう。幼子だったとき、わたしは幼子のように話し、幼子のように思い、幼子のように考えていた。成人した今、幼子のことを棄てた。わたしたちは、今は、鏡におぼろに映ったものを見ている。だがそのときには、顔と顔とを合わせて見ることになる。わたしは、今は一部しか知らなくとも、そのときには、はっきり知られているようにはっきり知ることになる。それゆえ、信仰と、希望と、愛、この三つは、いつまでも残る。その中で最も大いなるものは、愛である。


「愛の賛歌」と呼ばれます。しかし、忘れてはならないことは、この言葉は、第一二章から始まる「霊の賜物」によって生きる教会の営みを語っているところで語り出されているということです。教会が歌う愛の賛歌です。教会に生きる者ひとりひとりが、自分の愛を歌うのです。理想を語るのではありません。自分が生きている愛の現実を語ります。パウロは「わたしは……」と語り出しています。預言、つまり神の言葉を語る説教の才能にも恵まれ、学問を究め、信仰も完璧だという自負心に生きることができても、「愛がなければ、無に等しい」。原文は、「愛がなかったら、私は無！ 私は存在しない！」と訳し得るほどの強い表現です。愛がなければ慰めはない。慰めのコイノーニアである教会は、「愛のコイノーニア」なのです。

卒業式のないコイノーニア

私は日本基督教団隠退教師という身分です。もう牧師と呼ばれることもありません。教会担任教師ではないからです。生まれてから、これまでの八二年半の人生にさまざまな段階を踏んで生きてきました。小学校から始まり、東京神学大学博士課程前期課程まで、いくつもの学校で学び、そこを卒業し、修了してきました。そして三つの教会の担任教師となり、そこを辞任してきました。隠退教師として生活しながら、主日礼拝には、他教会に招かれて説教をすることがなければ、ひとつの決まった教会の主日礼拝に妻と共に出席しております。その教会の仲間入りをしております。一九四二年一二月二〇日、一三歳で受洗、教会員となりましたが、その後、変わらずにキリスト教会の一員として生きてきました。そして今改めて思います。この教会員であることを止めることはないのだということを。教会には卒業も辞任もないのだということを改めて思います。

そのことを、このコリントの信徒への手紙一第一三章は、この愛は滅びないと言っているのです。この愛のコイノーニアは滅びないと言っているのです。死を超えるのです。死に勝っているのです。私たちは、使徒信条において告白します。「聖なる公同の教会、聖徒の交はり」を信じる、と。この教会、聖徒の交わりに生きることは、それに続く「永遠のいのち」を信じるということとひとつです。

トゥルンアイゼン牧師の『牧会学Ⅱ』は、死に対抗する魂への配慮について具体的に語ります。そのなかで、私たちが死んだ後に、先に逝った親しい者たちに再会できるかということについて、こう言っています。私たちの肉の絆が、死後も続くという保証はない。しかし、教会の絆は切れない。

私の父が急逝し、家族が悲しみに沈んでいたとき、葬儀で竹森満佐一牧師が説教をされました。父は酒を好みました。酒を飲みながら、子どもたちに讃美歌を歌わせ、それを楽しみにしました。その時、好んで聴いたひとつは、一九五四年版『讃美歌』の四〇五番です。「かみともにいまして」という歌です。別れの歌です。竹森牧師は、そのことについて触れ、「これは故人愛唱の歌と聞いたが、故人は、ここまで知っていたであろうか」と問いつつ、こう説きました。リフレインに「また会う日まで」と言うが、英語の原詩では、「イエスのみ足のもとで会うまで」とある。主イエスのもとで再び会うということは、主と共に生きる教会のコイノーニアは死を超えて持続するということです。天に昇られた主イエスは最後に約束されました。「わたしは世の終わりまで、いつもあなたがたと共にいる」（マタイによる福音書第二八章二〇節）。

キリストのからだ語

この愛は決して滅びません。永遠の営みです。しかもとても具体的です。「愛は忍耐強い。愛は情け深い。ねたまない。愛は自慢せず、高ぶらない。礼を失せず、自分の利益を求めず、いらだたず、恨みを抱かない。不義を喜ばず、真実を喜ぶ。……」。これらの愛の特質を語る言葉は、私たちに自己吟味を求めます。忍耐強くなくなったら、礼儀を失ったら愛を失っているのです。ねたみや自慢の思いから解放されていなかったら、愛を失っているのです。

しかし、パウロの言葉で特に私たちのこころを捉えるのは、この「愛の賛歌」に続いて、更に第一四章の言葉が続くことです。「愛を追い求めなさい。霊的な賜物、特に預言するための賜物を熱心に求めなさい。……預言する者は、人に向かって語っているので、人を造り上げ、励まし、慰めます。……預言する者は教会を造り上げます」。

愛を神からの霊の賜物（カリスマ）として願い求める時、それと共に「預言」の言葉を語れるように願い求めよう、とパウロは勧めます。愛が実現するために、私たちは愛の言葉をも与えられることを求めるのです。

ここでは、愛を語る言葉を「預言」と呼んでいます。そこですぐに私たちが思い起こすのは、使徒言行録第二章が伝える聖霊降臨の日の出来事です。主イエスが天に昇られるとき、命じてくださったままに祈り続けていた弟子たちの群れに、遂に聖霊が与えられるという出来事が起こりました。そこに教会が生まれました。教会を代表してペトロが説教をしました。その最初にペトロは預言者ヨエルの言葉（ヨエル書第三章）を引用しました。

神は言われる。
終わりの時に、
わたしの霊をすべての人に注ぐ。
すると、あなたたちの息子と娘は預言し、
若者は幻を見、老人は夢を見る。
わたしの僕やはしためにも、

そのときには、わたしの霊を注ぐ。
すると、彼らは預言する。

預言は聖霊が与えてくださる言葉です。今まで知らなかった神の現実を知り、それを語る言葉です。パウロは、その預言の言葉が愛の言葉であると言います。愛のコイノーニアを造る言葉です。「預言する者は、人に向かって語っているので、人を造り上げ、励まし、慰めます。……預言する者は教会を造り上げます」。この「励まし」という言葉は、私たちが既に学んだギリシア語で言えば、パラカレオーです。慰めの言葉です。その言葉は「人を造り上げる」と言います。この「造り上げる」と訳されているギリシア語は、オイコドメオーという言葉です。オイコス（家）を造るという言葉です。建築者が家を建てるようにひとを建ててあげる言葉です。私たちは、しばしばせっかく立ち上がろうとするひとのこころを打ちのめす言葉を口にします。せっかく一所懸命やろうとする子どものこころを崩してしまいます。しかし、愛を語る預言の言葉は、むしろ崩れているひとを立たせます。それが慰める、ということです。
しかもパウロは、そのようにひとを造り上げる預言の言葉は、そこで「教会を造り上げる」と言います。そのような慰めの言葉を語ることによってエクレーシアが造られていくのです。このような教会をパウロは何度も「キリストのからだ」と呼びます。「あなたがたはキリストの体であり、また、一人一人はその部分です」（コリントの信徒への手紙一第一二章二七節）。愛を語り、ひとを造り上げ、教会を造り上げる預言の言葉は、キリストのからだである教会の言葉なのです。

ある教会に二回にわたって招かれ、ここでパウロが語る預言の言葉とはいかなることばなのであろうか、どのようにしたら、そのような言葉を体得することができるかを共に学んだことがあります。その教会の方たちは、そこで願い求める「教会の言葉」を「キリストのからだ語」と呼んでおりました。すてきな呼び名です。キリストのからだ語、それこそ慰めのコイノーニアを造る者たちの知る言葉です。

制御できない言葉の罪

新約聖書に含まれるヤコブの手紙は改革者ルターが「藁《わら》の手紙」と呼んだりしたこともあり、あまり読まれないかもしれません。しかし、今日の教会にとって大切なメッセージを語ってくれている大切な神の言葉です。

たとえば、第三章は、教会の仲間たちに「あなたがたのうち多くの人が教師になってはなりません」と語りかけています。手紙を書いているひと自身も既に教師になっています。牧師であり、説教者であったのです。その自分のような教えるひとになるなと言うのです。なぜかと言えば、教師は言葉を語り続ける務めを神から与えられているからです。そして、そのために「わたしたちは皆、度々過ちを犯すからです。言葉で過ちを犯さないようにすることができるひとこそ、「自分の全身を制御できる完全な人です」。「しかし、舌を制御できる人は一人もいません」。「舌は、疲れを知らない悪で、死をもたらす毒に満ちています。わたしたちは舌で、父である主を賛美し、また、舌で、神にかたどって造られた人間を呪います。同じ口から賛美と呪いが出て来るのです。わたしの兄弟たち、このようなことがあってはなりません」（八節以下）。

ここで「呪う」といういささか恐ろしい言葉を用いていますが、第四章では、それは「悪口」を言うことであり、「裁く」ことであると言います（一一節以下）。ヤコブの手紙を書いた伝道者も、自分がつい悪口を言い、日常の会話で、ひとを裁いている事実に気づいていたのでしょう。自分の言葉の軽いことに、つらい反省をせざるを得ないのです。

しかも、私たちは一日のうちにどれだけの言葉を口にするかわかりませんが、そのたびに原稿を書いて、予め吟味した言葉を語っているわけではありません。吟味しないままに、思ったままのことを口にしてしまいます。うっかり自分の言いたいことを口にすると、「ついほんねを言ってしまった」

などと言います。そうなると、ヤコブの手紙は、父である主なる神を賛美することはたてまえで、ひとを呪うことがほんねなのかと問うでしょう。神を賛美することは、こころからすることで、神を賛美したくて仕方がないというほどのこころがあるから、私たちは礼拝をし、賛美をし、説教を聴いて喜ぶのです。だがしかし、その賛美に生きるこころが無意識にでも自分のすべての言葉を統御するところまでいっていないのが、また私たちの現実です。教師ヤコブは、自分の言葉が、その悲しい現実を示すことに恐れを抱いています。それは「神の敵」（第四章四節）になることでしかないからです。コリントの信徒への手紙一第一三章五節には、愛は「礼を失せず」という表現があります。無作法をしないということです。しかし、私たちの言葉は簡単に無作法なことをします。言葉を語る者は、このことをきちんとわきまえていなければなりません。私たちに言葉が与えられているということを謙遜にわきまえるのです。自分の言葉は自分の思うがままに語っていいということはないのです。

神の言葉を学び

エフェソの信徒への手紙もまた言葉を問います。第四章二九節以下に丁寧に語られています。

悪い言葉を一切口にしてはなりません。ただ、聞く人に恵みが与えられるように、その人を造り上げるのに役立つ言葉を、必要に応じて語りなさい。神の聖霊を悲しませてはいけません。……あなたがたは神に愛されている子供ですから、神に倣う者となりなさい。キリストがわたしたちを愛して、御自分を香りのよい供え物、つまり、いけにえとしてわたしたちのために神に献げてくださったように、あなたがたも愛によって歩みなさい。あなたがたの間では、聖なる者にふさわしく、みだらなことやいろいろの汚れたこと、あるいは貪欲なことを口にしてはなりません。卑わいな言葉や愚かな話、下品な冗談もふさわしいものではありません。それよりも、感謝を表しなさい。

このエフェソの信徒への手紙の言葉は既に引用しました。罪がもたらした惨めさは、何よりも言葉において実感されるのではないかと問いました。そこでも書きましたが、正直なことを言って、こういう聖書の言葉を読んで窮屈な思いを抱くひとがあるかもしれません。閉口するでしょう。下品な冗談を、つい口にする自分を正当化して、このほうが人間的だと、つい言いたくなるでしょう。そうなると、ここで「神に倣う神の子ども」になることを求められていることも真剣には考えていないし、その根拠として語られている主イエスの、ご自身を献げてくださった愛に生き抜くようにという使徒の教えも軽んじていることになります。そして、私は、今日のキリストの教会は、まさに、こうした言葉を軽んじる病に、深く病んでいるのではないかと思います。

ここで言う「悪い言葉」を、改革者ルターは、「腐ったおしゃべり」と訳しました。私たちのおしゃべり、日常の言葉が腐ると、私たち自身も、隣人も教会も腐らせてしまいます。腐らない健康な言葉、それは、相手を「造り上げる」言葉だと言います。ここにもコリントの信徒への手紙一第一四章が語っているオイコドメオーの働きこそ、言葉にとって大切なことだと言うのです。

知性の言葉を

腐っていない言葉、つまり、新鮮で、聴く者に恵みを届ける言葉、それはどのようなものでしょうか。エフェソの信徒への手紙は、第四章で、今聴いた言葉に先立って、次のように語っておりました。一七節以下です。

そこで、わたしは主によって強く勧めます。もはや、異邦人と同じように歩んではなりません。彼らは愚かな考えに従って歩み、知性は暗くなり、彼らの中にある無知とその心のかたくなさのために、神の命から遠く離れています。そして、無感覚になって放縦な生活をし、あらゆるふしだらな行いにふけってとどまるところを知りません。しかし、あなたがたは、キリストをこのように学んだのではありません。キリストについて聞き、キリストに結ばれて教えられ、真理がイエスの内にあるとおりに学んだはずです。だから、以前のような生き方をして情欲に迷わされ、滅びに向かっている古い人を脱ぎ捨て、心の底から新たにされて、神にかたどって造られた新しい人を身に着け、真理に基づいた正しく清い生活を送るようにしなければなりません。

「異邦人」というのは、ここでは「神を信じない者」という意味です。私たちは既に神の子ですから、神を信じない者の生活はしていないはずです。そこで自分の歩みを点検することが求められます。ここで問われるのは「知性」です。理性と言い換えてもよいでしょう。その知性、理性が暗くなってはいないか。理性が暗くなっていると、それは無感覚を生みます。鈍感になるのです。理性が暗いと感性も暗くなるのです。そんなはずはない。あなたがたはキリストを学んだはずである。「キリストを学ぶ」というのはすてきな言葉です。キリストを愛する霊性に生きる者は、愛するキリストのことを学ぶことを喜びとします。キリストそのものを知ろうと一所懸命に学ぶのです。「キリストについて聞き、キリストに結ばれて教えられ、真理がイエスの内にあるとおりに学んだはずです」。原文では、ここでも「キリストを聞き」と言います。「キリストに結ばれて」というのは「キリストのなかで」というのです。地上を歩まれたイエスのなかにある真理、真実の知性に生きる者の知るべき生きた真理を聴き、学んだのです。マルクース・バルトという新約学者は、ここで記されていることに「イエスの学校」という表題をつけて丁寧に説明しました。主イエスが創設してくださった、主イエスを学ぶ学校、キャンパスまでが主イエスそのものである、と言いました。

コリントの信徒への手紙一第一四章では、私たちが願い求める「預言」の言葉の特質を、こういうふうに言い表しました。一九節です。「わたしは他の人たちをも教えるために、教会では異言で一万の言葉を語るより、理性によって五つの言葉を語る方をとります」。明るい理性、知性の言葉を語ろう、と言うのです。知性、理性は言葉を語る能力です。パウロは理性が語る言葉は通じる言葉だと言います。言葉は通じないと意味を持ちません。通じないと慰めになりません。愛のコイノーニアを造ることができないのです。

同じコリントの信徒への手紙一第二章一六節に、「わたしたちはキリストの思いを抱いています」とパウロは書いています。これは「キリストの理性」とも訳せる言葉です。キリストを学んだ者はキリストの理性に生きるのではないでしょうか。そして、キリストの理性がもたらすキリストを語る言葉を語れるようになるのではないでしょうか。

また第一四章に戻ると、預言はまたキリスト者の集会で語られる言葉です。そこで、こうも語られるのです。二四節以下です。

皆が預言しているところへ、信者でない人か、教会に来て間もない人が入って来たら、彼は皆から非を悟らされ、皆から罪を指摘され、心の内に隠していたことが明るみに出され、結局、ひれ伏して神を礼拝し、「まことに、神はあなたがたの内におられます」と皆の前で言い表すことになるでしょう。

この集会には、まだ洗礼を受けていないひとも混じっています。伝道集会でもあるようです。そこで皆が語る言葉、説教も祈りも理性の言葉です。慰めの言葉です。造り上げる言葉、オイコドメオーの言葉です。求道者にも通じます。そしてそれが理解された時、悔い改めが起こります。キリストの名によって集まる者たちのなかにキリストがおられることがわかります。キリストの父である神が臨在されることを知ります。今日の教会の礼拝の原型がここにあります。慰めのコイノーニアが献げる慰めの礼拝なのです。

第一〇章

嘆きの声を挙げる教会

聖書が与える慰め

キリストを学ぶこと、それは何よりも聖書を学ぶことです。聖書の言葉を習得することです。聖書から生まれる慰めの言葉とはどのようなものなのでしょうか。

『魂への配慮の歴史』第一巻は、まず聖書の言葉が、どのような慰めの響きを立てているかを語ります。最初に登場するのは詩編、書いているひとは、インゴ・バルダーマン。ドイツの公立学校には、聖書の授業があります。その聖書の授業をする教師を養成する大学の先生でした。将来教師になる学生を教えるだけではなく、自分でも子どもたちに聖書を教え続けました。そのようにして自分自身が授業体験をしているほうが、よりよい授業ができると信じていたようです。そこで、その授業体験を語っています。この「詩編」の章を読むだけでも、どれだけ多くの恵みを受けることでしょうか。必読の一章です。

「聖書を教える」。それはどういうことか。バルダーマンは、自分にとって聖書の言葉、特に詩編が、どのような意味を持ったかを問い直します。「詩編の言葉は、危機的な瞬間に私に語りかけてくれた言葉である。しかも、私がまずそこから神学的洞察を読み取り、それから、それを実際に適用することができたというようなことではない。そうではなくて、全く直接に、親しく私に語りかけてくれた。しかも、実際に変革をもたらすほどの力を持っていたのである。……夜ごとにわたしの胸にのしかかってきた悪霊たちを追いやる力を持った言葉であった。原子力の思いがけない大事故のために、一夜にして地球に人が住めなくなるのではないかという不安が、まさにわれわれの肉体をも脅かしたとき、わたしは、文字通り、このみ言葉に取りすがったものである。『わたしは信じます。命あるものの地で主の恵みを見ることを』（詩編第二七篇一三節）」。「私が更に導き出した結論はこうである。私にとって詩編がこのような働きをするのであれば、同じように、子どもたちが詩編の言葉と交わることができるようになるまで、私は子どもたちと共に歩まなければならない。授業をしながら、聖書の正しい理解をめぐって語り合うというような平面ではなくて、テキストそのものが語り、私が、そのテキストのなかに、不安のただなかでも沈黙したままでいないですむように助けてくれる言葉を見出すという、より原初的な平面に達しなければならないのである」。

聖書を説明する教師にならないほうがいいと言うのです。聖書そのものの語りかけを生徒と一緒に聴くのです。聖書の言葉の意味をまず明らかにし、それを現実に適用したらどうなるか、などというのでもありません。聖書の言葉自身が、私たちの生きる現実のなかで語りかけて来るので、それを聴き取ればよいのです。聖書そのものが慰めを語ります。私たちの手で慰めの言葉に語り変える必要はありません。

嘆きの詩編

バルダーマンが、まず生徒と共に読むのは嘆きの詩編です。不安を告げる言葉です。不安、それは「何よりも、自分が捨てられるという体験である。『叫び続けて疲れ、喉は涸れ、わたしの神を待ち望むあまり、目は衰えてしまいました』（詩編第六九篇四節）、『わたしの神よ、呼び求めても答えてくださらない』（詩編第二二篇三節）。誰も聞いてくれないという、こうした体験は、もともと言葉にかんぬきを掛けて黙らせてしまうものである。詩編の言葉は、その言葉を取り戻してくれる。子どもたちは、一挙に不安について語り始める。こういうことでもなければ、それについて一言も漏らすことがなかったであろう不安について語り始めるのである」。
不安や悲しみに囚われているとき、私たちは、しばしば言葉を失います。自分の言葉の無力さを知ります。バルダーマンは、若い魂に不用意に慰めを語り聞かせるよりも、一緒に嘆きの詩編を読みます。それが子どもたちの魂の言葉となるまで読みます。子どもたちは呪縛から解かれて嘆く言葉を獲得します。まず聖書は若者たちを自由に嘆けるように解き放ちます。こんなことまで嘆き得るのです。

神よ、わたしを救ってください。
大水が喉元に達しました。
わたしは深い沼にはまり込み
足がかりもありません。
大水の深い底にまで沈み
奔流がわたしを押し流します。
叫び続けて疲れ、喉は涸れ
わたしの神を待ち望むあまり
　目は衰えてしまいました。

バルダーマンが、その過程を語る言葉は輝いています。詩編は「いのちの言葉」だと言い切っています。そこで子どもたちは嘆きつつ、既にいのちに生きるのです。

慰めのほとりの教会

『魂への配慮の歴史』の編者クリスティアン・メラー教授の『慰めのほとりの教会』という書物を訳しました（教文館、二〇〇六年）。この書名がいいと思います。原著名は直訳すると『慰めのすぐ側にいる教会』です。教会、つまりキリストのからだである私たちは、慰めを自分の所有とすることはありません。自分の手のなかにある宝を好きなように分けてあげるように慰めを振りまくことはできません。しかし、常に慰めの側にあります。自分がそれによって慰められております。イザヤ書第一二章三節に「あなたたちは喜びのうちに／救いの泉から水を汲む」という言葉があります。まさにその通りです。そして、自分が潤う、その慰めの泉の水を汲んで、他者をも慰めることができる教会であることを私たちは知っているのです。

またメラーさんは、ドイツ語の慰めを意味するTrost（トゥロースト）は独特の意味を持っていると言います。古くは確信、信頼を意味する言葉に連なると考えられます。そこから getrost（ゲトゥロースト）という言葉も生まれています。これは改革者ルターが愛した言葉ですが、今でも多くのキリスト者が喜んで口にします。「大胆に」と訳されますが、内的確信を与えられている強さを意味します。既に与えられているものについての確信があります。そこで既に慰めを得ている確かさを意味すると理解することもできます。そこから「大胆な絶望」というルターの、よく知られている言葉が生まれました。「慰められている絶望」と理解するひともあります。信頼を失わない絶望というのです。信頼を失わないからこそ知る絶望とも言えます。

メラー教授は、Trost（トゥロースト）という言葉と深い関わりにあるものとして、Trotz（トゥロッツ）という言葉をも掲げます。ドイツ人が愛する言葉です。ドイツ人らしい言葉です。「にもかかわらず」と訳される言葉ですが、抵抗、忍耐をも意味する強い言葉です。このことをめぐって、「まえがき」でこう述べています。

魂への配慮に生きる教会とは何か、これを生かす力の源泉はどこにあるかを尋ねる問いを重ねるところで、私は、自分にとって「慰め」という概念が何を意味するかを新しく発見したのである。もちろん私は、慰めが、偽りの慰め、甘い飴のような慰め、軽率に慰めを語る人びとの言葉と取り違えられることが、いかに簡単に起こるかということは、よく知っているつもりである。そこでなお何よりも重んじられるべきは、チェコスロバキアのヤン・スカチェル〔詩集『アンチリス』〔牧草の一種〕一九八九年〕が語り出してくれていることである。

慰めにとって
とても重く大切なことは
値打ちのある貨幣のような言葉を見出すこと
値打ちの下った通貨ではない
低く語り始められ
身を隠すことを知っている
静けさのかげに
世の騒音は
疲れ果てて、瀕死の状態でしかないではないか

この「疲れ果てて瀕死の状態にある」〔慰めの〕言葉を、その本来あったはずのコンテキストに

おいて改めて聴き直すことは可能であろうか。……そこで私が改めて悟ったのは、慰めと踏ん張る忍耐（「にもかかわらず」と踏ん張ること）とが関わり合っているということであった。忍耐して踏ん張る強さがないと慰めは泣き虫の慰めになってしまうし、慰めを知らぬままにただ踏ん張ってみても、それはただつらいだけのことになるであろう。死に直面するところが、慰めの言葉が死に逆らって踏ん張る響きを立てるとすれば、それは甦《よみがえ》りの響きを持つものとして聴かれるであろう。

ヨブ記を読む　その一

私は、今日の私たちが深く親しむべき聖書の言葉のひとつは詩編と共にヨブ記だと思っております。同じメラー教授の書物で、ヨブを語る言葉は、特に心を捉えます。以下は、メラーさんの言葉の抜粋です。

ヨブ記の中核にあるのは、いくつかの〈慰めの詩〉である。ウツの地の出身で、信仰深く、正しい行ないに生き、神を畏れる男が、われわれがただ思い浮かべるのも精一杯と言えるほどに深い慰め喪失の状況にあって歌い切る詩である。同時にヨブの三人の友人の実例をもってはっきり示されるのは、慰めを必要とするひとを慰めるということが、どれほど困難なことか、いや、それどころか不可能なことではないか、ということである。ヨブは友人たちをどなりつけている。「わたしはもう聞き飽きた。あなたがたはあまりにも不愉快な慰め手だ！　無駄口にはきりがないのか」（ヨブ記第一六章二節以下、ルター訳による。新共同訳「そんなことを聞くのはもうたくさんだ。あなたたちは皆、慰める振りをして苦しめる。『無駄口はやめよ』とか……」）

この友人たちは何をしたから、ヨブの目には「不愉快な慰め手」と言われるのであろうか。いずれにせよ、この友人たちについてはこう語られている。

第二章一一―一三節

三人は、ヨブにふりかかった災難の一部始終を聞くと、見舞い慰めようと相談して、それぞれの国からやって来た。遠くからヨブを見ると、それと見分けられないほどの姿になっていたので、嘆きの声をあげ、衣を裂き、天に向かって塵を振りまき、頭にかぶった。彼らは七日七晩、ヨブと共に地面に座っていたが、その激しい苦痛を見ると、話しかけることもできなかった。

……

だが、友人たちはヨブを放さない。自分たちのしつこい反論によってヨブを神の前に押しやるようなことになった。……友人たちがヨブの嘆きを聴いてあげる、神とヨブの間に立つ裁判所のように気取ったふるまいをするのであれば、ヨブは失われてしまったであろうということである。しかし、友人たちが、ヨブに対抗して伝統的な慰めを突きつけて、反論をすることによって、ヨブを休ませることはなかった。そのために結局は、ヨブ自身が神の前に出て、神の言葉を自分で聴くことによって、自分自身が信仰経験をすることになったのである。これこそ慰めであるかもしれない。慰めは慰めを失った者を倒さないのである。あるいはまた、安易に同意したり、軽率に信頼してあげて、落とし穴に落とすこともしない。そうでないと、慰めを失った状況がもっと底なし沼になってしまうのである。

もちろん、ヨブが結局受けることができた慰めは、友人たちからは来なかった。ヨブには友人たちの言葉は虚《むな》しいものとしか思えなかったからである。「無駄口にはきりがないのか」（第一六章三節）。友人たちの言葉が虚しかったのは、死ぬほど正確であり、昔ながらのものであり、形式的であり、ありきたりであり、すりへっていたからである。ヨブが必要であったのは神ご自身からの慰めであった。いずれにせよ、友人たちはヨブにとって最後からひとつてまえのところに最後の法廷になりつつあったのである。究極の助け、真実の慰めは、創造のみわざを改めてヨブに見せられた方のところから来る。

「見よ、ベヘモットを。お前を造ったわたしはこの獣をも造った。これは牛のように草を食べる。見よ、腰の力と腹筋の勢いを」。ヨブ記第三八章から第四一章までの四章にわたって、このように語り続けられる。ヨブは神の創造のみわざを改めて見ることが許される。そして神の偉大さに圧倒される者となる。「あなたは全能であり／御旨の成就を妨げることはできないと悟りました」（第四二章二節）。つまり、真実の慰めはヨブにとっては、自分の絶望のはざまから創造の広がりのなかへと導かれることにある。この創造のわざには造り主が責任を持っておられる。ヨブはこの造り主に感謝することができる。そして遂にはヨブについてこう語られるに至る。「ヨブはその後百四十年生き、子、孫、四代の先まで見ることができた。ヨブは長寿を保ち、老いて死んだ」（第四二章一六節以下）。これは慰めを得た、確かな人生であった。自らの嘆きと友人たちの反論のおかげで助けられて、塵にまみれる狭隘《きょうあい》の地から神の創造の大きな広がりへ、造り主への賛美へと至る道を見出した人生である。この文学作品ヨブ記の慰めの戦略は、偽りの慰めから真実の慰めをきちんと学ばせるということにある。偽りの慰めは「不愉快な慰め手」から来る。

この慰め手たちは、自分が神の代わりになり得ると思っている。そして、ありきたりの慰めの美辞麗句によって絶望する者をますます絶望に追いやるのである。

ヨブ記を読む　その二

『魂への配慮の歴史』第一巻では、「詩編」の章に続いて「ヨブ記」が紹介されます。そこでもヨブ記を読んでいると「自分たちと一緒に語ってくれている声」が聞こえてくるのだと言います。著者ヴァイマンは、「神のみ前にあって嘆き訴えるのはふさわしくないという思いが刻みつけられているために、どれほど苦悩することがあっても、それを嘆き訴えることができないことが、どんなに多いことであろうか！」と記します。そして他方「『あなたたちは皆、慰める振りをして苦しめる』（第一六章二節）という言葉が既に思い起こしてくれるのは、ヨブ記の中には、聖書に基づくはずの信仰のころでさえも、まことに頼りない働きしかしないことがあるという事実との対決が、既に始まっている」ということである、と言います。

確かに私たちキリスト者は、思いがけない試練に遭ったり、苦悩にさいなまれても、キリスト者のたてまえに束縛され、腹を立てたり、悲鳴をあげたり、不当な扱いに異議を申し立てる自由がないことがあります。こんなことは、神を信頼している者が口にすべきことではないと思い、沈黙したまま、いつまでも悲しみや惨めな思いを抱え込んでしまいます。またそのようなひとに語りかける私たちの慰めの言葉が、どれほど無力であるかを思い、そこでも沈黙してしまいます。

ヴァイマンは、ヨブ記は、二元論を無力にすると言います。二元論というのは、善の神と悪の神、祝福の神と禍の神、ふたりの神がいるかのような考えです。そういうふたりの神を考える宗教もいくつもあります。そのほうが不幸な出来事に遭えば、これは、悪い神のしわざだと説明もつくようです。「だがしかし、疑いもなく愛すべき神が、人間の側からすれば神と対立するとしか思えないような体験には全く関係を持たれないのだと主張するならば、それは、事実としては、自分で信仰深いことと思い込んでいるだけの無神論のひとつの変形でしかない」。生きておられるただひとりの神を信じる者は、厳しい体験を与えられるとき、神も仏もあるものかと黙ってしまうのではなくて、なぜ、このような体験を与えられるのか、と神に向かうのです。

「ヨブが、その嘆きを、『神はわたしを敵とされる』（第一九章一一節）と語るほどに、激しい敵対する嘆きにまで追い詰められたところで、不思議なことに、それによって、信頼への道が拓かれる。『だが、わたしは知っている。わたしを解放する方は生きておられる』（第一九章二五節）。……神の前にもたらされる嘆きは、まるで存在しておられないかのように隠されている神の顔を突き抜けて、恵みをもって向けていてくださる神のみ顔を求める。神の親しいみ顔を求める。抑圧する神のみわざを突き抜けて解放者である神を求める」。慰めの共同体は、このような、神を訴え、神と争うかと思われるほどのヨブの言葉こそが、自分の言葉となるところです。その慰めの言葉は、このようなヨブの声を聴かせ、それに声を合わせることの祝福を告げるのです。

絶望の深みで共に生きる

私がヘブライ人への手紙についての説教集を出したとき、ある信徒の方が雑誌『本のひろば』にこんな紹介の文章を書いてくださいました。ある養護学校の校長をしておられた方でした。アブラハムがわが子イサクを神に献げようとしたことについての森有正先生の言葉を借りながら、私が語る言葉を、深い共感を抱きつつ、そのまま引用しておられます。

（森有正先生は）「アブラハムの心の中には非常に深い悲しみがただ流れていただけだと思います」と書いておられます。非常に深い悲しみですから表面のことではないのです。存在のいちばん深いところに悲しみが流れ続けている。……「このアブラハムの出来事は、服従という言葉が持ちうる私どもの知らない高い意味を教えてくれる」。……私どもは、神さまにお従いしますと言葉ではいいますが、その言葉で言い表していることの意味を、越えた服従を神が求められる。そのような服従が起こったところでこそ、人間のもっとも深い悲しみをただ悲しみとしないで、そのもっと深いところから支えてしまうほどのことが起こる。アブラハムが知っていた深い悲しみとは、別の言葉でいえば、深い絶望ということでしょう。信仰を持っている人間こそ、生きるということについて深い絶望を知っている。悲しみを知っている。

障害を負う子たちの現実に向かい合い、神の言葉に従うからこそ、愛を注ぎながら、心中深い絶望を知っているからこそ、こうした言葉に共鳴せずにおれないのでしょう。「驚くべき深い信仰の言葉である。悲しみと絶望を知りつつ、それでも『力強く大胆に生きる』ことが出来るとは！」。そのように、説教の言葉に応じてくださいました。しかも、実は、その後の交わりを通じて知ったのは、ご自身のお子さんのひとりを不幸な仕方で失い、親としてまことに痛切な思いで生きておられたということでした。私が伝える神の言葉によって、そのこころに「もう一度明るさを取りもどして生きる決心を与え」られたと記しておられます。ここにも慰めのコイノーニアが生きています。

聖書に学び、聖書を語りつつ、まず私たちが知るのは嘆く自由です。悲しみを口にし得る自由です。

その言葉を得るのです。

第一一章

九日間の祈り

ノヴェーネ

ある教会の礼拝に招かれ、説教をしたときのことです。礼拝堂に入ろうとして壁に貼られた紙に気づきました。上段に、「ノヴェーネ」（Novene）と記され、その下に、一〇人近くの方たちの名前が書き上げられています。そして、そのひとりひとりの名の右側に、何人もの名前が書き込まれていま す。明らかに自由に自分の名を書き込んでいるのです。立ち止まらずにおれませんでした。そして、とても感動しました。

私の恩師であったルードルフ・ボーレン教授が三度目の来日をされたのは二〇〇一年でした。そのときの講演や説教は、教文館から『日本の友へ』（二〇〇二年）という書名で刊行されています。そのなかの「とりなし」と題する、東京神学大学における講演で、このノヴェーネの話が出てくるのです。ラテン語でノヴェーナと言い、ヨーロッパの近代語では、ノヴェーネと言うようです。一応「九日間の祈り」と訳しました。長い歴史があるようですが、ボーレン先生は、まだ若い牧師であったとき、オランダの教会にひとりの病人のために九日間祈る習慣があり、それをこの語で呼んでいることを学ばれ、自分も早速実行に移されたのです。このことをめぐっての詳細な考察は、直接、ボーレン先生の言葉を読んでください。これも慰めの共同体である教会の勉強会で、皆で学んでよい文章であると思います。

ボーレン牧師は、教会員のなかで誰かが病気になると、数人の教会員に祈りの群れを作ってもらいました。長老がなかに加わります。そして誰かの家に集まり、九日間、病む仲間のために祈り続けます。そして、毎日、誰かが見舞いに行きます。それが教会にとってどれほど恵みの経験となったかを語っておられます。

来日された翌年春、私の妻が舌癌で入院、手術を受けました。五回目の手術でした。そのことを知らせましたら、突然、毎日ファックスでボーレン先生夫妻の祈りが届き始めました。きっちり九日間続きました。この祈りの文章も『日本の友へ』のなかに紹介しました。病床に届けられた祈りを繰り返し読みながら、妻は手術を受けました。先生夫妻の祈りに支えられて私どもも祈りました。「救い主が舌を癒してくださいます。あなたがなおこれからも、救い主の説教をすることができるようになるために」。妻は、ボーレン先生のこの祈りを、手術前に何度も繰り返したそうです。

講演を聴いた東京神学大学で何が起こったかは知りません。しかし、書物を通じて講演を読んだ牧師と教会員で、自分たちなりのやり方で、九日間の祈りを始めた教会があったのです。誰かが病めば、その癒しのために名乗り出た教会員が九日間祈り続け、訪ねたり、手紙を書いたりして慰める群れを、その度に作っているのです。そしてまた、ある別の教会の牧師が、重い病と闘う教会の仲間のために、やはり九日間祈り続ける群れを作り、教会全体が主の慰めを受ける体験をしたと語ってくださいました。ある信徒で、この時以来、ノヴェーネがすっかり身についてしまった方もおられます。これは、いずれも日本基督教団に属さない教会の話です。講演を読んで感銘を受けただけではなく、実際に実行する姿勢に、私自身恥ずかしささえ覚えました。

とりなしの共同体

ボーレン先生の講演は、わざわざ東京神学大学学生のために手書きで準備し、私が急いでコンピュータで清書した原稿を用いて語られました。将来、牧師になる学生たちに、何よりも、教会を〈とりなしの共同体〉として形成するために努力をしてほしいという切実な願いがあるのだと私に言われました。

「とりなし」と訳しているドイツ語は、カトリックの用語では、代祷と訳します。プロテスタント教会でも、その用語を用いることがあります。小塩力、福田正俊両牧師が、共著で『代禱』と題するすてきな説教集を出されたことがあります（新教出版社、一九四八年）。代わりに祈ってあげるのです。日本キリスト教団出版局が一九七三年に刊行した『現代のアレオパゴス』という鼎談集（森有正、古屋安雄、加藤常昭）があります。そこで森有正先生が、教会とは祈りの共同体であるということを強調されました。「祈りの共同体というのは教会そのものなのですから、祈りにおいて神の前にひとつの体に属するということを自覚するということしかない。その祈りに支えられているために、罪を犯したり、誤ったりするのだけれども、また神の前に帰ってくる。私たちの知らないときに、どこかでだれかが祈っているわけですからね。……私はひとりで神の前に信じればいいんだということを、ぼくは言う権利はないと思います。……私と同じように神さまの救いにあずかった者が、兄弟姉妹のために祈って、この人たちが病気になったり、迷ったりしたときに、ある一つの共同体を作って、そこでその人のために祈っていく。それが、この世界の中に存在しているとき、ひとりひとりの信者が帰るところがあるわけです。天国に行く前に」（四三ページ以下）。

こうした森先生の言葉を読むと、教会のなかに、祈りの支えを必要とするひとと、その必要はないが、ひとのために祈ることを務めとするひとがあるというのではなくて、誰もが、自分のための祈りを必要としており、だからこそ、他者のために祈らずにおれないということなのであると、改めて思います。使徒パウロも、「わたしのために祈ってほしい」と切望しています（エフェソの信徒への手紙第六章二〇節）。

代祷の主イエス

このとりなしの共同体である私たちの祈りを支えるもの、それは何か。そのことを改めて問わずにおれません。二〇〇〇年に日本キリスト教団出版局から刊行した『み言葉の放つ光に生かされ』で、七月一〇日のために私は、こんな文章を書きました。

私の知る最もすぐれた聖書学者のひとりはユリウス・シュニーヴィントである。著書は多くはないが輝いている。六〇歳代で死去した。ナチに抵抗し続け、敗戦の時、ソ連軍に占領されたハレの大学の教授であった。西ドイツに逃げるように誘われたが留まり、監督になった。疲弊した教会と町を捨てることができなかった。厳冬の町でようやく戦線から帰ってきた旧約学の同僚マルティン・ノートに出会って、自分が着ていた外套を即座に脱いでかけてあげたと言う。市民の生活のことまで牧者として配慮して書斎にこもることもできなかったが、遂に疲れ果てて床についた。痛みのひどい病であった。あまりの痛みに祈ることもできなくなった。傍らではらはらしてみとる人びとに言った。私はもう祈ることもできない。しかし、私のために祈り続けていてくださる方がおられるから、私は、その方にしがみつく。しがみつきながら死なせていただく。使徒ペトロのために祈られた主イエスの祈りを自分のためのものとしていつも聴いていたのであろう。「しかし、わたしはあなたのために、信仰が無くならないように祈った。だから、あなたは立ち直ったら、兄弟たちを力づけてやりなさい」（ルカによる福音書第二二章三二節）。

私たちが、自分の祈りの貧しさや、心もとなさにめげないで祈れる原点がここにあります。主イエス・キリストこそ、私たちのために代わって祈り続けていてくださいます。だからこそ、教会は、失望しないで祈り続ける群れであり続けることができます。互いに支え合う祈り、そして真実の祈りを失ったままである世界のため、隣人のために祈り続けます。この祈りがあるからこそ、自分たちが語る慰めの言葉にも力が与えられることを信じます。

大祭司キリスト

改めて「とりなし」という意味を考えてみます。手元にある『日本国語大辞典』を開いてみると「双方のあいだに第三者が入って……関係を好転させること」とあります。「とりなす」という動詞を調べると、『古事記』に既に出て来る言葉で、もともとは「ある物を手にとって、他のものに変えてしまう」という意味だったようです。『源氏物語』では、「実際とは違ったもののように受け取って理解し、また、とりざたする。またわざと……みなす」という意味で用いられています。それがまた「具合の悪い状態を、間にはいって取り計らい、好転させる。よいように取り計らう」という意味にもなりました。

パウロはローマの信徒への手紙第八章三一節以下に、このように主の「とりなし」のみわざについて語ります。

では、これらのことについて何と言ったらよいだろうか。もし神がわたしたちの味方であるならば、だれがわたしたちに敵対できますか。わたしたちすべてのために、その御子をさえ惜しまず死に渡された方は、御子と一緒にすべてのものをわたしたちに賜らないはずがありましょうか。だれが神に選ばれた者たちを訴えるでしょう。人を義としてくださるのは神なのです。だれがわたしたちを罪に定めることができましょう。死んだ方、否、むしろ、復活させられた方であるキリスト・イエスが、神の右に座っていて、わたしたちのために執り成してくださるのです。

既に第一章で、このみ言葉を聴きました。そしてそれに合わせて、同じローマの信徒への手紙第五章で、私たちが神の敵であった時に、主キリストが私たちのために死んでくださり、神の愛を明示してくださっているという事実をこころに刻みました。これこそ、日本語が示唆する「とりなし」とは何かを語る救いの出来事です。

ヘブライ人への手紙は、この主のみわざを旧約聖書が語る「大祭司」の務めを一挙に果たしてくださったということだと語りました。第四章一四節にこうあります。

さて、わたしたちには、もろもろの天を通過された偉大な大祭司、神の子イエスが与えられているのですから、わたしたちの公に言い表している信仰をしっかり保とうではありませんか。この大祭司は、わたしたちの弱さに同情できない方ではなく、罪を犯されなかったが、あらゆる点において、わたしたちと同様に試練に遭われたのです。だから、憐れみを受け、恵みにあずかって、時宜にかなった助けをいただくために、大胆に恵みの座に近づこうではありませんか。

祭司のコイノーニア

さてそこでもうひとつ思い起こしていただきたいのは、第四章で、万人祭司（普遍的祭司職）について考えたことです。慰めの対話そのものが、私たちの祭司の務めだということでした。対話をしながら、語り合う相手と共に神の前に立ち、そのひとのためにとりなしをするのです。当然のことながら、そこでそのひとと共に祈り、またそのひとのために祈ります。対話の前から、対話が終わってから、ボーレン教授が教えたように、そのひとのために祈ります。代祷をします。私たちは祭司です。そこでペトロの手紙一第二章四節以下には、こう記されております。

この主のもとに来なさい。主は、人々からは見捨てられたのですが、神にとっては選ばれた、尊い、生きた石なのです。あなたがた自身も生きた石として用いられ、霊的な家に造り上げられるようにしなさい。そして聖なる祭司となって神に喜ばれる霊的ないけにえを、イエス・キリストを通して献げなさい。……

しかし、あなたがたは、選ばれた民、王の系統を引く祭司、聖なる国民、神のものとなった民です。それは、あなたがたを暗闇の中から驚くべき光の中へと招き入れてくださった方の力ある業を、あなたがたが広く伝えるためなのです。

ボーレン教授が最後に鎌倉雪ノ下教会の教会員と共に会食をしたとき、「王子、王女の皆さん！」という言葉で挨拶を始めて、皆を驚かせましたが、この手紙の「王の系統を引く祭司」という表現に基づきます。古代においては祭司が同時に政治的支配者であったことがありますが、ここでは王であり大祭司であられる主によって生かされ、主に倣って自分を献げてとりなしに生きる祭司のコイノーニアである教会のことが語られております。とりなしは、私たちの務めの付加物というようなものではなく、私たちの存在そのものです。日本のプロテスタント教会の礼拝でも他者のために祈りますが、自分の教会のメンバーで病んでいる者のために祈ることで終わってしまったりします。ヨーロッパの教会の礼拝では、とりなしの祈りが、とても大切にされます。広く深いので、とりなしの祈りは長い祈りになります。一〇分ぐらい祈っていることがあります。私が初めてドイツの教会の礼拝を経験したとき、最も感銘を受けたひとつがとりなしの祈りです。昔ながらの磨き上げられた祈祷文が祈られることもあります。牧師が自分で書いた祈祷の言葉を読むこともあります。多くの場合、献金の祈りと結びついています。

よく礼拝に出席したヴッパータールのディートリヒ・ボンヘッファー教会では、少年少女から始まり、高齢者に至る各世代の代表者が献金を集めます。その献金が聖餐卓の上に置かれるとき、全員が起立します。そして献金を献げた者が、若い世代から始まり、全員が予め用意してきた祈りの文章を読んで祈ります。献金を献げる祈りに続いて、ひたすらとりなしの祈りをします。当時激しかったヴェトナム戦争のために、アフリカの混乱、飢餓のために、広く祈りが世界に広がります。そうかと思うと、今刑務所にいる受刑者のために祈ります。こういう祈りを聴いていると、精々、自分の教会員で病んでいる者や、礼拝に来なくなった者たちのために祈り、それに多少、世界のための祈りが加わるにすぎない私たち日本のプロテスタント・キリスト者のとりなしの貧しさを恥ずかしく思います。礼拝のなかでとりなしの祈りが最も長い祈りなのです。

それだけではありません。ドイツの教会では、とりなしの祈りのための礼拝、一種の祈祷会をします。私がよくご紹介することですが、東ドイツの教会は、中国で起きた天安門事件の犠牲者のためにとりなしの祈りの集会をしました。それを政府が弾圧しました。教会は跳ね返して祈り続けました。これが東ドイツの民主化のひとつの引き金になりました。

ドイツの教会に脈々と流れるとりなしの祈りに生きる教会の伝統に触れて、ここに日本のプロテスタント教会がまだ学んでいない教会の宝があると思いました。とりなしの祈りに徹する教会の姿勢が明らかにまだ身についていないのです。「とりなしの存在」なのです。教会はとりなしのために生きる共同体です。

慰めのコイノーニアは、とりなしの祈りにおいて、世界、そして隣人の慰めをひたすら祈る〈祈りのコイノーニア〉になるのです。

主の前に他者を運ぶコイノーニア

私が牧師であったとき、キリスト者でないひとの死去に際し、その葬りの司式を教会に依頼してくるひとが比較的よくありました。無条件で引き受けるわけではありません。基本的なことをよく理解してもらうことを求めました。そのひとつにマルコによる福音書第二章が伝える物語を読んで聴いてもらい、その趣旨をよく理解することを求めました。

数日後、イエスが再びカファルナウムに来られると、家におられることが知れ渡り、大勢の人が集まったので、戸口の辺りまですきまもないほどになった。イエスが御言葉を語っておられると、四人の男が中風の人を運んで来た。しかし、群衆に阻まれて、イエスのもとに連れて行くことができなかったので、イエスがおられる辺りの屋根をはがして穴をあけ、病人の寝ている床をつり降ろした。イエスはその人たちの信仰を見て、中風の人に、「子よ、あなたの罪は赦される」と言われた。ところが、そこに律法学者が数人座っていて、心の中であれこれと考えた。「この人は、なぜこういうことを口にするのか。神を冒瀆している。神おひとりのほかに、いったいだれが、罪を赦すことができるだろうか。」イエスは、彼らが心の中で考えていることを、御自分の霊の力ですぐに知って言われた。「なぜ、そんな考えを心に抱くのか。中風の人に『あなたの罪は赦される』と言うのと、『起きて、床を担いで歩け』と言うのと、どちらが易しいか。人の子が地上で罪を赦す権威を持っていることを知らせよう。」そして、中風の人に言われた。「わたしはあなたに言う。起き上がり、床を担いで家に帰りなさい。」その人は起き上がり、すぐに床を担いで、皆の見ている前を出て行った。人々は皆驚き、「このようなことは、今まで見たことがない」と言って、神を賛美した。

この物語でまことに興味があることは、中風のひとの罪が赦され、癒されるとき、中風のひと自身だけの信仰が問われていないことです。「イエスはその人たちの信仰を見て」という文章は、集会をしている家の屋根を破ってまでして、主イエスの前に中風のひとを差し出し、癒しを願った人びとの信仰をご覧になったと聴くことができます。病み、悩んでいた人びとを、力を合わせて運び、祈りを込めて、主イエスの前に吊り下ろした人びとのこころに目を留められたのです。私たちの意表を突くことです。

教会堂に故人の柩《ひつぎ》を運び、教会の礼拝行為にほかならない葬りを求めるとき、それはひとつには、教会が、この四人の男と同じように、自分たちのとりなしの祈りをもって神の前に、死者を置くということを求めることになるのです。そのことを信じること、そして自分たちも、その教会の祈りにこころを合わせることをも求めます。遺族もまた洗礼を受けていない場合でもそうします。そのことがよく理解され、そのような教会の祈り、遺族の祈りが愛する者を神の前に運ぶ葬りがなされるとき、遺族が、その後やがて受洗にまで導かれることまで起こります。

このような他者も神の前に運ぶ祈りがあってこそ、そこに主による慰めが起こります。悲しみの癒しが起こるのです。ここにも祭司のコイノーニアの慰めの力、陰府の力に勝つ慰めの力が現れるのです。

第一二章 クリストクラシー

キリストが支配する神の家を

教会は神の家であること、それは既に第七章で学びました。そこで聴いたヘブライ人への手紙第三章の言葉はこうでした。「キリストは御子として神の家を忠実に治められるのです。もし確信と希望に満ちた誇りとを持ち続けるならば、わたしたちこそ神の家なのです」。

教会が神の家であることは、慰めのコイノーニアであるためには不可欠のことです。そして教会が神の家であるということは、キリストが神の子として支配してくださるということです。

「教会政治」という言葉があります。教会がひとつの集団である以上、一定の制度があり、それを生かしながら形を整え、秩序を整え、機能的に働こうとします。そうすると、国家の仕組みに似た政治形態を採ります。その際、特に現代のキリスト教会は、教派の違いを越えて、民主的になって来ていると思われます。教会員の会議を重んじます。現代の多くの国家が民主的な政治をしようとするのと対応しているでしょう。民主制というのはデモクラシーと言います。ギリシア語で民衆を意味するデーモスに、支配を意味するクラティアという言葉が結びついているのです。しかし、教会政治を論じる書物には、本来キリストの教会は何よりもクリストクラシーであるはずだと書かれていることがよくあります。キリストが支配されることをまず重んじようと言うのです。ヘブライ人への手紙の言葉をこころに刻むのです。

パウロは、コリントの信徒への手紙二第一三章五節で、コリントの教会員に、こう勧めました。「信仰を持って生きているかどうか自分を反省し、自分を吟味しなさい。あなたがたは自分自身のことが分からないのですか。イエス・キリストがあなたがたの内におられることが。あなたがたが失格者なら別ですが……」。この自己吟味は、教会員のひとりひとりに向けられてもいるでしょうが、何よりもコリントの教会そのものに語りかけていると聴くことができます。私たちが信仰を持っているかどうかを問う。それは私ひとりのことでもありますが、教会そのものが信仰に生きているかどうかが問われるのです。信仰に生きているコイノーニアであるかどうかを常に自己吟味せざるを得ません。そうでなければ慰めのコイノーニアとして生きることはできません。そして、そのような教会の信仰の自己吟味は、「教会として生きる私たちのなかにイエス・キリストがおられること」に気づくということにほかなりません。そのキリストが支配していてくださることをしっかり受け入れているかどうかが問われるのです。

クリストクラシーのかなめ

コイノーニア、交わり、人間が共に生きること、それはやさしいことではありません。使徒パウロもまた、このコイノーニア形成のために配慮を重ねました。コリントの信徒への手紙一は、コリントの教会を悩ませるいくつかの問題について答えようとしたものですが、その最初に挙げたのが教会の分裂です。

さて、兄弟たち、わたしたちの主イエス・キリストの名によってあなたがたに勧告します。皆、勝手なことを言わず、仲たがいせず、心を一つにし思いを一つにして、固く結び合いなさい。わたしの兄弟たち、実はあなたがたの間に争いがあると、クロエの家の人たちから知らされました。あなたがたはめいめい、「わたしはパウロにつく」「わたしはアポロに」「わたしはケファに」「わたしはキリストに」などと言い合っているとのことです。キリストは幾つにも分けられてしまったのですか。

第一章一〇―一三節前半

キリストの教会が分裂するということは、キリストそのものを引き裂くことであるとパウロは言います。キリストを「分ける」ことなどはあり得ないのです。教会がキリストのからだであることを軽んじることです。クリストクラシーを無視することです。そこで、ここから始めて、パウロがまず丁寧に語ったのは、「十字架の言葉」を語る福音の言葉を大切にするということです。

わたしたちは、十字架につけられたキリストを宣べ伝えています。すなわち、ユダヤ人にはつまずかせるもの、異邦人には愚かなものですが、ユダヤ人であろうがギリシア人であろうが、召された者には、神の力、神の知恵であるキリストを宣べ伝えているのです。神の愚かさは人よりも賢く、神の弱さは人よりも強いからです。……兄弟たち、わたしもそちらに行ったとき、神の秘められた計画を宣べ伝えるのに優れた言葉や知恵を用いませんでした。なぜなら、わたしはあなたがたの間で、イエス・キリスト、それも十字架につけられたキリスト以外、何も知るまいと心に決めていたからです。そちらに行ったとき、わたしは衰弱していて、恐れに取りつかれ、ひどく不安でした。わたしの言葉もわたしの宣教も、知恵にあふれた言葉によらず、〝霊〟と力の証明によるものでした。それは、あなたがたが人の知恵によってではなく、神の力によって信じるようになるためでした。

第一章二三節―第二章五節

「イエス・キリスト、それも十字架につけられたキリスト以外、何も知るまいと心に決めていたからです」というパウロの決意は、このキリスト以外の支配は受けないという決意であり、自分はこの十字架のキリストを説教することに集中するという決意です。

もう何年前になるでしょうか。伝道者である私の妻が、子どもたちのための礼拝説教で、「扇のかなめ」ということを語ったのを今でも覚えています。そのかなめのところに主イエスがおられるという話でした。そして、パウロは、このかなめとして主イエスがおられるために、自分がしなければならないこと、それは福音の説教、十字架の言葉を語ることに徹することだと思い定めておりました。そこに説教をかなめとするキリストのからだである教会形成の道が定まったのです。

「人の言葉としてではなく、神の言葉として」

新約聖書のなかに収められているパウロの手紙で最初に書かれたのは、テサロニケの信徒への手紙一です。そこには、テサロニケでどのような開拓伝道をしたかをかいま見せる言葉を読むことができます。特に注目すべきは以下の文章です。

あなたがたが知っているとおり、わたしたちは、父親がその子供に対するように、あなたがた一人一人に呼びかけて、神の御心にそって歩むように励まし、慰め、強く勧めたのでした。御自身の国と栄光にあずからせようと、神はあなたがたを招いておられます。

このようなわけで、わたしたちは絶えず神に感謝しています。なぜなら、わたしたちから神の言葉を聞いたとき、あなたがたは、それを人の言葉としてではなく、神の言葉として受け入れたからです。事実、それは神の言葉であり、また、信じているあなたがたの中に現に働いているものです。

第二章一一―一三節

伝道者パウロは最初から説教者でした。もちろん、それは人間パウロが語る「人の言葉」でした。しかし、それを人びとは「神の言葉」として聴きました。聖霊がそのように働いてくださいました。ですから、パウロは、そのことを神に感謝しています。しかし、同時に説教が神の言葉であることは事実だと信じております。キリストを説く説教を神の言葉として聴くことができないと、キリストがここで生きて働き、主として働き、教会を造り上げてくださるということがわからないままです。神の言葉として聴かれる説教が、まさに「預言」として聴かれ、オイコドメオー（ひとと教会とを造り上げる）言葉として力を発揮するのです。

パウロから始まる、この説教による伝道の系譜は今も続きます。日本語で牧師と呼ぶ職務は、英語でミニスターと呼ぶことがあります。ミニスターというのは、語源は召し使いとして仕えるという意味でした。大臣のこともミニスターと呼びます。国家のために仕えるひとという意味です。キリスト教会では、「神の言葉に仕えるひと」という意味です。教会員に仕えるということもあるでしょうが、それは第二のことです。第一に神に仕えます。

しかし、具体的な職務として言えば、神の言葉として聴かれる人間の言葉を語ります。

日本の説教者の第一世代である富士見町教会の最初の牧師であった植村正久先生は、説教者の務め、それは主イエス・キリストを紹介することであると言いました。主イエス・キリストのご支配のわざが教会に起こるように言葉を語るのです。クリストクラシーは、説教を通じて確立されます。そのために牧師はまず説教に全力を注ぐのです。

牧師の職務

私は日本基督教団の隠退教師です。それは私を今なお加藤牧師と呼ぶことは間違いだということです。牧師というのは、ひとつの教会で実際に牧師の職務を果たしているときだけの呼び名です。日本基督教団が行なった正教師試験というのを受けたのち、按手を受けて正教師となり、それから教会から招聘を受けて、その教会の担任教師になると牧師となります。按手を受けるということは、まるで運転免許証を与えられたようなものであって、一生涯、牧師がすることを、自分の思うがままにすることができるわけではありません。たとえば個人的に頼まれて結婚式や葬式の司式をすることはできません。説教をしたり、聖餐の司式をすることも、もちろん許されません。隠退していても、どこかの教会から招かれ、その教会の職務を委ねられたときのみ可能なのです。正教師であっても、教会から職務を委ねられたときにのみ、教会のための務めを果たすことができるのであって、自分ひとりでは何もできません。

それと併せてこころに留めていただきたいことがあります。私が牧師でありましたとき、教会員にお願いしたのは、私のことを牧師先生と呼ばないでいただきたいということでした。特に私が働いたのは、長老制度を重んじる教会でしたので、このことを重視しました。牧師は長老会のかなめですが、長老のひとりです。長老先生という呼び名は慣例とはなっていません。それならば牧師先生もおかしいと思います。私は、加藤先生と呼ばれることまでは拒否しませんでしたが、正しくは加藤牧師と呼ばれるべきだと言っておりました。

金沢で伝道者生活を始めたとき、教会堂の中に住んでいました。私の固有名詞を知らないこともあったでしょうが、周囲の町の人びとに「教会さん」と呼ばれていたことがあります。何とも奇妙な気分ですが、寺院の多い金沢で、住職を「お寺さん」と呼ぶのは当たり前のことでした。しかし、教会即牧師という意味で牧師がかなめの存在になっているとすれば、おかしなことです。かなめではなくて、扇そのものになってしまっています。

キリスト教会で「牧師先生」と呼ぶとき、それは何を意味しているのでしょうか。おそらく尊敬の意味が込められていると思いますが、教会の用語としては正しくありません。教会における職務を重んじるならば、「牧師」と呼ぶだけでよいのです。しかし、そこで重んじる職務というのは、神の言葉を語る務めです。神の言葉を取り次ぐのです。牧師を重んじるというのは、そのようにして神を神として重んじるということです。その意味では、何よりも説教者として重んじるのであって、「説教師」という呼び名があってもいいくらいです。

神の言葉に関わる務めと言えば、もうひとつ「神学者」という呼び名があります。神学者と言えば、神学部、神学大学、神学校で研究し、教えるひとのことを考えます。しかし、英語で言えば、セオロジアンです。神（セオス）の言葉（ロゴス）に関わる務めのことです。そして学校で教えていなくても、神の言葉について、つまり、聖書をよく学び、また神の言葉を語り続けて来た〈教会の教え〉（教理）をわきまえ、教会の立場に立ってキチンと発言できるひとならば、神学者と呼ばれます。牧師（説教師）は、その名で呼ばれることがなくても、教会における〈神学者〉であると言えます。そのような意味で重んじられるべき存在です。牧師は、神の言葉としての説教を語るだけではなく、教会のさまざまな営みを神の言葉を基準に吟味し、整え、必要な指導をすることができることを求められます。また教会員は、そのような存在として牧師を尊び、その言葉に耳を傾けることが求められます。そのようにして初めてクリストクラシーが実現するのです。慰めのコイノーニアが実力を発揮するのです。

牧師のもうひとつの英語の呼び名はパスターです。牧師はパスターの訳語です。パスターは羊飼いを意味します。羊の群れを養い、そのうちの一匹が迷い出れば、九九匹を置いて捜しに行く羊飼いです。神の言葉をもって養います。慰めのコイノーニアの言葉が整えられるように配慮をします。テサロニケの信徒への手紙一第一章六節以下にこう記されています。

そして、あなたがたはひどい苦しみの中で、聖霊による喜びをもって御言葉を受け入れ、わたしたちに倣う者、そして主に倣う者となり、マケドニア州とアカイア州にいるすべての信者の模範となるに至ったのです。主の言葉があなたがたのところから出て、マケドニア州やアカイア州に響き渡ったばかりでなく、神に対するあなたがたの信仰が至るところで伝えられているので、何も付け加えて言う必要はないほどです。

パウロはテサロニケ伝道において、実際に体験したのでしょう。自分たち説教者の説教を神の言葉として聴き入れたとき、洗礼を受けて教会員となり、人びとは説教者たちを模範とし、その生き方も言葉も真似をして教会を形成しました。どこを真似たのでしょうか。明らかに神の言葉に聴き続け、神の言葉を生きる姿勢です。ですから、テサロニケ教会が、そのように育ち、造り上げられることを通じて、他の教会の模範ともなり、そのことによって「主の言葉が響き渡った」と言いました。慰めの言葉が響き渡ったのです。

鍵の務め

ところで先に学んだ「天国の鍵」の務めは、私たちプロテスタント教会においては誰が持っているのでしょうか。鍵、それは福音宣教の務めと、洗礼・聖餐という聖礼典を通じてであり、戒規を通じてであり、最後に兄弟姉妹の語り合いを通じてでした。とても具体的です。この鍵の権能を担うのは誰なのでしょうか。

教会には、教会特有の制度があります。細かいことを言えばきりがありませんが、大きく言えば、監督制度、長老制度、会衆制度です。日本のプロテスタント教会に生きる多くの者は制度を考えることを好まず、あるいは無関心です。それは日本にしか存在しない無教会集団と似たような生き方を生みます。ヨーロッパにも無教会の信仰を持つひとがいますが、そういうひとは教会を否定し、教会に属さず、ひとりで生きます。しかし、日本の無教会は集団を作ります。聖書を説く教師が中心におり、聖書を学ぶ弟子たちが周辺に集まり、日曜日には集会をします。例外もありますが、通例、この教師が死去すると集会は解散します。弟子の誰かが中心になり新しい集会を作ることがあります。教師は弟子の世話をよくし、そこに生まれる人間関係は一種の師弟関係であり、また人間的な細かい配慮によって成り立ちます。日本の社会では、こういう〈世話〉による親しい関係が作られることが大切になります。政党でも、金銭のことまで含めて、よく世話をする〈親分〉の周辺に〈子分〉が集まり〈派閥〉を作るのが常です。派閥解消はかけ声ばかりです。しかし、日本の教会もしばしば世話がよくできて、説教も上手な「牧師先生」を中心に作られている〈お世話共同体〉にすぎないことがあります。その有力な牧師が辞任したり、死去したりすると、教会はたちまちばらばらになり、あるいは〈教勢〉が一挙に落ち、危機に陥ります。制度を重んじないからです。教会を教会として正しく生かす制度が求められます。慰めのコイノーニアも制度を大切にしないと力を発揮することができません。

たとえば、誰かが洗礼を志願します。それに応えるのは誰でしょうか。それを受け入れ、洗礼入会式執行を決定し、実行するのは、監督制度の場合には監督（司教）の権限です。各個教会の牧師（司祭）は、この監督（司教）から、その権限の実行を委ねられています。組合制度ですと、教会総会です。教会員の会議が決めるのです。長老制度においては長老の会議が行ないます。日本基督教団の規則が定める「役員会が処理すべき事項」のなかに洗礼が入っています。誰を教会員として受け入れるかは役員会が決めます。その意味では長老制度的な考え方です。聖餐の執行も役員会の権限です。牧師は役員会議長です。その役員会の決定に従い、牧師はその職務を行ないます。ひとりでは教会が教会としてすべきことをすることは許されません。私が牧師であった鎌倉雪ノ下教会も旧日本基督教会に属しておりましたので、その長老制度の考え方を保持しております。その長老制度の教会では長老のなかで特に牧師のことを宣教長老と呼びました。宣教を説教のことだと理解すれば、礼拝説教を中核にした教会の言葉、福音を宣べ伝える言葉を語ることが牧師の務めです。

私たちの教会では、この役員（長老）を教会員が選びます。鎌倉雪ノ下教会では、毎年一月に教会総会を開きました。長老選挙のための総会です。長老を選ぶのにはどうしたらよいか。丁寧に検討し、選挙の手続きを定めました。その上で選挙をする日、改めて、選挙の趣旨を私が語りました。教会員の選挙を通じて神が長老を選ばれること、従って、選挙の結果を厳粛に受け入れてほしいということを語りました。そのようにして選ばれた信徒が牧師と共に役員会（長老会）を組織します。教会が教会であり続ける責任主体は、この役員会です。

旧日本基督教会では、牧師を宣教長老と呼ぶのに対して、信徒の長老を「治会長老」と呼びました。教会を治めるのです。意味からすれば牧会すると言うべきでしょう。役員は、しばしば教会の経済的な運営や管理に責任があると考えることがあります。しかし、この場合の長老の任務は、教会がキリストのからだという共同体として霊的に整えられることに責任があると考えるべきでしょう。クリストクラシーの実現です。そのために配慮をするのです。経済的配慮をするよりも、共同体のために、共同体を作る信徒のために配慮をするのです。まさしくオイコドメオー（教会を造り上げる）の配慮をするのです。

さいわい長老教会には執事という職務があります。そこで鎌倉雪ノ下教会では改めて執事会を組織し、それに教会の会計、管理を委ね、長老たちが本来の職務に心を注げるようにしました。牧師と共に牧会できるようにしたのです。牧師を助け、牧師と共に伝道できるようにしました。その中心にあるのは、教会としての意思決定です。鍵の務めを果たすことです。

カリスマ共同体の形成

カリスマという言葉を耳にすることがあるでしょう。日常語のように使われます。私にはカリスマがあるなどと言うひとはほとんどないでしょう。一般には「異能」と訳すことができるようです。普通のひととは異なる特別な才能があるひとのことです。しかもよほど特別な才能です。かつての毛沢東のようになって初めてカリスマ政治家などと言います。少々有力な政治家であるくらいなら、カリスマ政治家とは言いません。そうかと思うと、カリスマ美容師などという言葉をテレビが流行らせたことがあります。

しかし、カリスマは、もともとギリシア語です。カリスというのは「恵み」を意味します。ですから「恵みの賜物」という意味の言葉です。しかし、また、それは神からの賜物ですので、神の霊が与えてくださるものという意味で「霊の賜物」と訳すこともあります。私は「恵みの賜物」という訳がいいと思っております。カリスマという言葉が丁寧に語られているのは、コリントの信徒への手紙一第一二章です。

兄弟たち、霊的な賜物については、次のことはぜひ知っておいてほしい。……神の霊によって語る人は、だれも「イエスは神から見捨てられよ」とは言わないし、また、聖霊によらなければ、だれも「イエスは主である」とは言えないのです。

賜物にはいろいろありますが、それをお与えになるのは同じ霊です。務めにはいろいろありますが、それをお与えになるのは同じ主です。働きにはいろいろありますが、すべての場合にすべてのことをなさるのは同じ神です。一人一人に〝霊〟の働きが現れるのは、全体の益となるためです。ある人には〝霊〟によって知恵の言葉、ある人には同じ〝霊〟によって知識の言葉が与えられ、ある人にはその同じ〝霊〟によって信仰、ある人にはこの唯一の〝霊〟によって病気をいやす力、ある人には奇跡を行う力、ある人には預言する力、ある人には霊を見分ける力、ある人には種々の異言を語る力、ある人には異言を解釈する力が与えられています。……

体は一つでも、多くの部分から成り、体のすべての部分の数は多くても、体は一つであるように、キリストの場合も同様である。つまり、一つの霊によって、わたしたちは、ユダヤ人であろうとギリシア人であろうと、奴隷であろうと自由な身分の者であろうと、皆一つの体となるために洗礼を受け、皆一つの霊をのませてもらったのです。体は、一つの部分ではなく、多くの部分から成っています。足が、「わたしは手ではないから、体の一部ではない」と言ったところで、体の一部でなくなるでしょうか。耳が、「わたしは目ではないから、体の一部ではない」と言ったところで、体の一部でなくなるでしょうか。もし体全体が目だったら、どこで聞きますか。もし全体が耳だったら、どこでにおいをかぎますか。そこで神は、御自分の望みのままに、体に一つ一つの部分を置かれたのです。すべてが一つの部分になってしまったら、どこに体というものがあるでしょう。だから、多くの部分があっても、一つの体なのです。目が手に向かって「お前は要らない」とは言えず、また、頭が足に向かって「お前たちは要らない」とも言えません。それどころか、体の中でほかよりも弱く見える部分が、かえって必要なのです。わたしたちは、体の中でほかよりも恰好が悪いと思われる部分を覆って、もっと恰好よくしようとし、見苦しい部分をもっと見栄えよくしようとします。見栄えのよい部分には、そうする必要はありません。神は、見劣りのする部分をいっそう引き立たせて、体を組み立てられました。それで、体に分裂が起こらず、各部分が互いに配慮し合っています。一つの部分が苦しめば、すべての部分が共に苦しみ、一つの部分が尊ばれれば、すべての部分が共に喜ぶのです。あなたがたはキリストの体であり、また、一人一人はその部分です。……あなたがたは、もっと大きな賜物を受けるよう熱心に努めなさい。

まず教会に生きる者たちは共通の霊の賜物があります。それは「イエスは主である」という信仰です。イエス・キリストを主として受け入れること、そこで既にカリスマに生きる共同体が生まれます。信じて生きること、それが既に「恵みの賜物」なのです。聖霊は私たちを「キリストのからだ」というひとつの共同体に入れてくださいます。洗礼式は、厳密に言えば、「洗礼入会式」と呼ぶべきです。からだはさまざまな部分から成っています。私たちはそのように、キリストのからだの部分です。それぞれが形も異なり、働きも異なります。鎌倉雪ノ下教会では、一月になると、「奉仕アンケート」と呼ぶアンケート用紙を配りました。A４の用紙の四ページにわたって、教会員に奉仕を担当してほしい教会の仕事がびっしり挙げられ、どんな仕事か説明されています。四月からの新年度に、どの奉仕を担当するか、申し出てもらいます。その希望を聞いた上で、長老会で分担する仕事を改めてお願いします。当初は、年度末になると私が牧師として感謝の言葉を送りました。しかし、やがて、そのような手紙を三〇〇通も書かなければならなくなり、中止しました。しかし、そんなにも多くの方たちによって教会の働きが担われていることに私は感動しました。しかも、そこには礼拝で献金を集めることや、教会堂清掃などの教会員の誰もがすることは含まれておりません。また教会外の福祉施設でのさまざまなヴォランティア活動は含まれておりません。どこかの施設を訪ねて、そこで奉仕する教会員に出会ったりすると、うれしいものです。聖霊は、そうした働きをすることができるように、私たちそれぞれにカリスマを与えてくださっています。

カリスマはさまざまです。目立つ働き、隠れた働き、さまざまです。鎌倉におりましたとき、毎週土曜日の午前に、二階の礼拝堂入り口付近で人声がするようになり、階段を昇って行くと、礼拝堂入り口に積まれている三〇〇冊ほどの『交読詩編』の、翌日の礼拝で読まれる箇所にしおりを入れている夫婦がおりました。夫は医師でしたが難病に罹り、車椅子の生活を強いられておりました。誰からも頼まれたわけではないのに、自分にできる奉仕を探して始めていたのです。楽しそうに仕事をしていたふたりの和やかな姿を忘れることはありません。

パウロは、キリストのからだの部分になっている者たち、キリストの手足になっている者たちには、皆カリスマを与えられていると言います。何の役にも立たないということはありません。ですから、時には牧師や役員の仕事は、自分は何をしてよいのかわからないと思ってしまっている教会員の傍らにいて、そのひとに与えられているカリスマを見つけてあげることになります。なかには、こんなこともあります。若いとき、壮年のときは、活力があり、いろいろな奉仕を喜んでしていたのに、病気になってしまったり、高齢になると、あれもできなくなった、これもできなくなった、と悲しい思いを重ねることがあります。しかし、たとえ病床についても祈ることはできます。そのようなひとに具体的に祈るべきことを教え、祈ってほしいと頼むことができます。祈ってもらっていることについて報告することも大切です。

喜びも悲しみも共に!

今考えたこと、それがパウロの言う「各部分が互いに配慮し合う」ということでしょう。しかも、その関連で、こう言います。「一つの部分が苦しめば、すべての部分が共に苦しみ、一つの部分が尊ばれれば、すべての部分が共に喜ぶのです」。これは、一見、カリスマ論とは何の関係もないことのようですが、案外深く関わるのでしょう。このコリントの信徒への手紙一第一二章とほぼ同じようなカリスマ共同体としての教会の姿を描き出すのはローマの信徒への手紙第一二章です。五節以下の言葉を聴きましょう。

わたしたちも数は多いが、キリストに結ばれて一つの体を形づくっており、各自は互いに部分なのです。わたしたちは、与えられた恵みによって、それぞれ異なった賜物を持っていますから、預言の賜物を受けていれば、信仰に応じて預言し、奉仕の賜物を受けていれば、奉仕に専念しなさい。また、教える人は教えに、勧める人は勧めに精を出しなさい。施しをする人は惜しまず施し、指導する人は熱心に指導し、慈善を行う人は快く行いなさい。

愛には偽りがあってはなりません。悪を憎み、善から離れず、兄弟愛をもって互いに愛し、尊敬をもって互いに相手を優れた者と思いなさい。……喜ぶ人と共に喜び、泣く人と共に泣きなさい。

キリストのからだを共に生きる私たちは、仲間の誰かが苦しめば、それを自分の痛みとし、誰かに光が当たれば、それを自分のことのように喜び、喜びも涙も共にします。同じからだですから、そうなるのは当然です。こういう言葉を聴くと、キリストの教会としてごく自然のことのようです。しかし、私は牧師として教会のなかに生きて、これは実際にはとてもむずかしいことだと思うことが何度もありました。教会員の子どもの誰かが入学試験に合格したというような単純な報告も、不合格の子もあることを考慮して、しないままにしたことがあります。苦しみのなかにあるひとを訪ねても、私の苦しみが他人にわかるかと扉を閉ざされたこともあります。妬み、そねみから自由になりません。だからこそ、コリントの教会に宛てた手紙でパウロは、カリスマ論を語ったあとで最大のカリスマとして愛を語り、ローマの諸教会に宛てた手紙では、偽りのない愛を生きよう、と呼びかけます。偽りのない愛、つまり、ほんねとしての愛は、互いに重んじ合うのです。愛こそ、クリストクラシーのもとに生きるのです。

第一三章　足腰の強い慰めを

信仰告白が造るコイノーニア

洗礼を受けることを志願するひとがありますと、それを受け入れて洗礼を授けてよいかどうかを決めるのは、先に述べたように、役員会（長老会）です。受洗志願者に役員会の会議に出席することを求め、役員の前で、信仰を言い表してもらいます。受洗志願者試問会というのが通例です。学校や会社の口頭試問、面接試験を連想します。しかし、役員たちは、そのひとがどれほど立派な、霊的な体験をしたかとか、どれほど立派な人柄であるかとか、どれほど立派な自分の言葉で信仰を言い表すかを問題にすることはありません。そのようなことを知ることができるのはうれしいことですが、それが決定的なことではありません。そうではなくて、洗礼を受けて教会員の仲間入りをして、キリストのからだを造り上げる決意を聴きます。「イエスは主である」と言えればよいのです。

もう少し別の観点からすれば、パウロがコリントの信徒への手紙一第一五章に述べていることを思い起こしていただければよいでしょう。一節以下です。

兄弟たち、わたしがあなたがたに告げ知らせた福音を、ここでもう一度知らせます。これは、あなたがたが受け入れ、生活のよりどころとしている福音にほかなりません。どんな言葉でわたしが福音を告げ知らせたか、しっかり覚えていれば、あなたがたはこの福音によって救われます。さもないと、あなたがたが信じたこと自体が、無駄になってしまうでしょう。最も大切なこととしてわたしがあなたがたに伝えたのは、わたしも受けたものです。すなわち、キリストが、聖書に書いてあるとおりわたしたちの罪のために死んだこと、葬られたこと、また、聖書に書いてあるとおり三日目に復活したこと、ケファに現れ、その後十二人に現れたことです。次いで、五百人以上もの兄弟たちに同時に現れました。そのうちの何人かは既に眠りについたにしろ、大部分は今なお生き残っています。次いで、ヤコブに現れ、その後すべての使徒に現れ、そして最後に、月足らずで生まれたようなわたしにも現れました。わたしは、神の教会を迫害したのですから、使徒たちの中でもいちばん小さな者であり、使徒と呼ばれる値打ちのない者です。神の恵みによって今日のわたしがあるのです。

「どんな言葉でわたしが福音を告げ知らせたか、しっかり覚えていれば、あなたがたはこの福音によって救われます」。「福音」、それは神の言葉を語る説教者としてのパウロが語り続けた喜びの言葉です。自分が説教した言葉をあなたがたが覚えていたら、あなたがたは救われる。そう言うのです。そこで役員たちは洗礼を志願するひとに尋ねます。「あなたも説教が語った言葉を覚えていますか」。

そこでパウロは、自分が説教で語ったことが何であったかを改めて語ります。これはパウロだけではなく、キリスト教会の説教者ならば、誰でも語ることです。そうでなければ、教会が異なると、救いが異なることになります。どこの教会でも語る救いの言葉、それはキリストが私たちのために死んでくださり、葬られ、そして復活されたことです。このキリストにおいて起こった救いの事実、この救いを起こしてくださった神がどのような方であり、何をしてくださった方であるかを更に丁寧に語る言葉がここから育ちました。それが最も古い時代に生まれた使徒信条と呼ばれる、教会の信仰告白の言葉です。日本基督教団信仰告白も、この使徒信条を告白する言葉です。教団に属するすべての教会が、同じ言葉で信仰を言い表しています。同じ信仰によって結ばれるコイノーニアを形成しているのです。

ところで興味がありますのは、パウロは、それに加えて、復活された主イエスが、ケファ、つまりペトロに現れ、それに始まり、次々と多くの人びとに現れてくださったと書いています。「現れ」というのは、「会ってくださり」と言い換えてもよいでしょう。そして、最後に小さな存在であり、しかも「神の教会を迫害」していたパウロにも会ってくださいました。そこで言います。「神の恵みによって今日のわたしがあるのです!」。洗礼を志願するひとも同じです。主イエスが会ってくださった。主イエスは今、私と共に生きていてくださる。今私が生きているのは、そのおかげです!

鎌倉雪ノ下教会で、初めて長老に選ばれた人びとがよく言いました。受洗志願者試問会に出席して、自分たちの問いに答えて、志願者が信仰を言い表す言葉を聴いたとき、ああ、長老に選んでいただいてよかった、と思う。感動するのです。おそらく自分が同じ恵みに生かされてきたことを改めて喜びをもって実感するのです。この恵みが、教会に慰めに生き、慰めを告げる力なのです。キリストを主とする教会は、この恵みに生きるコイノーニアなのです。

足腰を鍛えよう

私が鎌倉雪ノ下教会の牧師でありましたとき、教会員と一緒になって、自分たちの信仰を言い表す

『雪ノ下カテキズム』（教文館、一九九〇年）を作りました。「鎌倉雪ノ下教会教理・信仰問答」という副題がついています。その共同作業をしておりましたとき、長老たちは、よく言いました。このような書物を作って学ぶこと、それは、私たちの足腰を鍛えることである、と。

カテキズムは、信仰問答と日本語で呼ばれますが、本来ギリシア語であったカテキズムという言葉には、問答という意味はなく、教えという意味の言葉でした。教えることには、相手がおり、その相手に響くように教えるという意味が含まれていたようです。そうなれば、当然、相手の反響、答えが求められます。

問答というと、信仰を学ぼうとする者が、さまざまに疑問に思うことを質問し、教師がそれに答える問答のことではないかと思われることがあります。実際に、そういう問答の形式で信仰の手引きをする書物もあります。しかし、今私たちがカテキズムという文書を初めて考案したルター、あるいはそれに続く改革者たちが書いたカテキズムは、そうではありませんでした。問うのは教会の教師、答えるのは信仰を学ぶ者です。ちょうど、塾か予備校で受験準備をするのに似ています。塾の教師は、練習問題を出して、生徒がそれに答えられるように模擬試験を繰り返します。生徒が自分の言葉で答えることができるようにします。信仰問答も、さまざまな問いを出しながら、それに対して、きちんと自分が身につけた言葉で答える訓練を受けます。信仰を告白することができるように教えられたのです。実際には、当時、生まれて間もなく洗礼を受けた子どもが成長して、一四歳になると、私たちの教会では信仰告白式と呼ばれる式に出て、自分で信仰を言い表します。そのための準備教育をしました。少なくとも一年間、カテキズム教育を受けました。従って、昔のカテキズム教育では、答えを暗記させることを大切にしました。暗記するというのは、自分の言葉として、信仰の言葉が身につくということです。

『ハイデルベルク信仰問答』は、もともとドイツのハイデルベルクを中心とする、ひとつの小さな教会が作った信仰の告白です。信徒教育のために用いられましたが、また主日礼拝でも少しずつ皆で告白しました。一年間ですべての文章を告白することができるように工夫しております。

この信仰問答は、その教会が属していた改革派教会の伝統に生きる諸教会で重んじられるようになり、もう五五〇年も経つのに、教派の相違を越えて全世界のプロテスタント教会で大切に用いられています。ひとつにはプロテスタント教会ならばほぼ同意できる信仰が言い表されているからです。しかし、それと同時に、これを学ぶ誰もが、冷たい教理の言葉を上から教えられるというのではなく、自分もこころから同意できる言葉であったからです。学ぶほどに自分のこころからの信仰告白の言葉となると言えたからです。しかし、現代ではカテキズムをあまり重んじなくなりました。一般の教育に見られる暗記教育に反発する考えが、ここでも働いているのかもしれません。カテキズムを教える教会の姿勢にも問題があるのかもしれません。それでいいのでしょうか。

先に紹介したボーレン教授の著書『天水桶の深みにて』では、『ハイデルベルク信仰問答』が大きな役割を果たしています。長く、こころを病んでいた妻に自死されてしまった神学者ルードルフ・ボーレン先生が、自分もまた深くこころを病んで立ち直った手記の趣がある書物です。そこで病んでいるこころが立ち直るために、カテキズムの言葉を覚えたということがどれだけ役立ったかを語っています。カテキズムは、今日の自分を生かす神の救いのわざを、その中核を言い当てて語る言葉を教えます。外から私に働きかけ、生かしてくださった神の恵みの言葉、神のわざを、それによって生かされている教会の共通の言葉で言い表す言葉です。改めて考えると、自分の信仰の誠実さとか、正しさとか、深さとかが、私の救いの確かさを支えているわけではありません。私たちの営みの外で、神ご自身が成し遂げてくださった救いのわざを、神が外から与えてくださる言葉が私たちに告げてくださったところに信仰が生まれました。パウロは、ガラテヤの信徒への手紙第三章二三節に「信仰が現れる」と言いました。原文は「信仰が来る」という言葉です。信仰そのものまで神から来るのです。そこに信仰の確かさ、強さがあります。そのような神の賜物である信仰により、同じ神の恵みに生きているることを共通に告白している仲間と共に生きる足腰の強さが、そこに生まれ、私もまた慰められ、慰めを語ることができるようになります。

プロテスタント教会に刺激され、カトリック教会もカテキズムを作りました。キリシタンの時代の、『どちりいな・きりしたん』もそのひとつです。丁寧に信仰と生活を語っています。そこには、殉教を覚悟した信仰の言葉を読むことができます。当時の農民たちの信仰の足腰を鍛えた言葉です。

もちろん、『ハイデルベルク信仰問答』は、一六世紀のドイツの教会のためのものです。ですから、それに倣って鎌倉雪ノ下教会は、自分たちの信仰問答を作りました。鎌倉雪ノ下教会が関わる連合長老会は、子どもの信仰教育のために『明解カテキズム』（キリスト新聞社、二〇〇五年）というのを刊行していますが、教会員にもとても役に立つでしょう。米国長老教会は一九九八年、『みんなのカテキズム』（一麦出版社、二〇〇二年）を発表し、日本でも広く用いられています。皆さんの教会でも、自分たちのカテキズムを作ることができるでしょう。世界のキリスト教会共通の信仰、公同の信仰を、自分たちが遣わされているところで、自分たちの言葉で言い表すのです。それは、とても楽しい学びでさえあるのです。

これらの学びで学ぶのは、〈教理〉とか〈教義〉と呼ばれます。教会の教えです。教会の教えを専門に学ぶのが神学者です。神学者である牧師たちは、その意味で教理学者でもあるのです。しかし、牧師は信徒に、この教理をきちんと教える責任があります。ホーリネス教会系の、ある比較的大きな教会では、牧師が『雪ノ下カテキズム』を信徒たちに教える集会をしています。「しっかりした教会」を形成したいからだそうです。

私が鎌倉雪ノ下教会牧師であった時には、説教でも使徒信条の講解を試みると共に、『雪ノ下カテキズム』を学ぶ会を繰り返しました。求道者だけでなく、転入会する人びとも参加します。教会員でも繰り返して出席する人びとがあり、会場はいつも満席でした。教理を学ぶ会を昼に夜に開催し、使徒信条と並んで重要なニケア信条、『ハイデルベルク信仰問答』と並んで重要なルターの『小教理問答』、ドイツ告白教会が生んだ『バルメン宣言』なども学びました。すべて私の説教全集に加えられております。

これらの学びの中心にあるのが、使徒信条、十戒、主の祈りです。三要文とよばれます。多くのプロテスタント教会で、礼拝で必ず三要文を唱えます。これを暗記するだけではなく、何を語っているのか、ひとに説明を求められたら、自分なりの言葉で答えられるようにしたいものです。しかし、それはただ知識が増えるということを意味しません。

キリストのからだである教会はクリストクラシーによって生かされる共同体（エクレーシア）であることが大切です。それと同じように、キリストのからだである教会を造る私たちが、それぞれにやはり、イエス・キリストを主として生きる生き方を身につけることが求められます。ホモ・リトゥルギクスとして生きるためには、ものの考え方も、言葉の語り口も、キリストの恵みに生かされるようになります。そのことを願い足腰を鍛えるのです。

生きておられるキリストのからだですから、それにふさわしい骨格を備えることを私たちの課題としましょう。硬直した体では困ります。しなやかな聖霊のいのちに生きる肉を身につけましょう。単なる知的な戯れではありません。

さいわいに言葉を理解し、言葉を伝える知性（理性）を与えられている者は、このために知的な学びをしたいと思います。残念ながら何らかの理由で言葉を十分に与えられていない人びとを神のみ前に運ぶためにも力をつけます。慰めの力をつけるのです。

第一四章

名札をつけて

『朗読者』

二〇〇一年、ハイデルベルクを訪ね、『魂への配慮の歴史』（日本キリスト教団出版局）の編者であるメラー教授のネッカー河に近いお宅で何日かを過ごしました。ある日の午後、教授は留守で、夫人とふたりでお茶を飲んでいました。夫人から『朗読者』という小説を読んだかと尋ねられました。ちょうど日本で翻訳がベストセラーになっていたので、書名は知っているが、まだ読んではいない、と答えました。翌日、毎日のことでしたが、愛犬を連れた夫人と散歩に出ました。さっさと駅まで連れて行かれました。そして駅構内に入ると、そこにある本屋で買っていただきました。ハイデルベルク大学神学部エドムント・シュリンク教授の三男、法律学者であるベルンハルト・シュリンクの作品

『朗読者』（一九九五年。邦訳、新潮社、二〇〇〇年）です。メラー夫人は、当時まだ健在であった著者の母堂と親しく、その滞在の間に、私も一緒に訪ねたことがあります。

この書物はのちに映画化され、日本でも上映されましたし、その物語は多くの方が知っておられるでしょう。著者の面影を偲ばせる典型的なドイツの中産知識階級の家に育った一五歳の少年ミヒャエルが、二一歳年上の独身女性ハンナと性交するに至る出来事から始まります。観念的な虚構性が強い小説です。ふたりの主人公の年齢のギャップは、戦争世代と、ひとつの世代を間に置いた新しい世代との関わりを具体化したとも言えます。第二次大戦の戦争経験が、若い世代には継承されていないし、そのために若い世代も苦しみます。戦後のドイツの社会的な問題となっておりました。主人公ミヒャエルも成長してのち、敢えて強制収容所跡を訪ねてみますが、全く異質な世界に、むしろ、こころが硬直してしまいます。ナチが犯した犯罪に痛みを覚える柔軟なこころも失っているのです。小説の至るところで、こころの麻痺、硬直が語られます。少年ミヒャエルは、ハンナと交わるとき、奇妙な要望に応え、トルストイの『戦争と平和』や、さまざまな古典を朗読してあげます。ハンナは教育を受けておらず、文字を読むことも書くこともできないので、それを求めたのです。だが、ハンナは、突然姿を消します。再会は法廷で起こります。法学部の学生となったミヒャエルは、ナチの親衛隊に入って強制収容所で働いていたハンナの犯罪を裁く法廷の傍聴をします。その過程で、実はハンナが読み書きのできない女性であったことを初めて知りました。現代ドイツに、読み書きができない女性が、それほど多くいたのでしょうか。しかも、朗読によって古典も理解できたのです。不思議な話です。

このような虚構をもって、シュリンクは何を言いたかったのでしょうか。無期懲役の刑を受け、受刑者となったハンナのところに、ミヒャエルは、録音した朗読を送り始めます。ハンナは刑務所で文字を学び、手紙を寄越すようになります。やがて刑が見直され、ハンナが出所することになり、ミヒャエルが迎えに行った日、ハンナは縊死《いし》します。刑務所を訪れたミヒャエルを迎え、女性刑務所長は、こう語りました。「彼女はあなたから手紙がいただけることを期待していたんです。彼女に何か送って下さるのはあなただけでした。郵便物が配られるとき、彼女は『わたしへの手紙はありませんか』と尋ねたものでした。彼女の言う『手紙』は、カセットの入っている小包のことではありませんでした。どうしてあなたは彼女に手紙をお書きにならなかったんですか」。ミヒャエルは声を失い、どもり、涙を流します。私は少しずつ読み進め、日本への帰国の機中でようやく読み終えたのですが、ここを読んだとき、私も、胸が迫り、涙が滲みました。ここに、この作品の急所があると思いました。

『朗読者』という題が、なぜつけられたのでしょうか。それが、ここでよく説明されています。無数の作家たちの言葉を朗読しながら、遂に、自分の言葉を書き送れなかったドイツ人が、ここにいます。「前」を意味する前置詞「フォア」に、「読む」を意味する「レーゼン」という言葉が結びついて、朗読することを意味する単語「フォアレーゼン」が生まれます。小説の題名『フォアレーザー』は、朗読をするひと、という意味になります。大学の講義も説教も原稿を読みます。朗読はドイツ文化を作ってきた言葉の道です。朗読は、ハンナに「間接的に」言葉を届ける道でした。朗読とは、言葉を読んで、相手の前に置いてあげることです。主人公は、それができました。その言葉がハンナのこころを動かし、文字習得まで促し、自分に手紙をくれるようにさえなりました。しかし、ミヒャエルは自分で手紙を書きませんでした。それができなかったのです。相手が読み書きができないことを慮《おもんぱか》ってのことではありません。相手は自分で言葉を書くことができたのに、自分は書くことができませんでした。ドイツの知識人が、ひとに通じるひととして語るべき言葉を失っているのです。この物語によって、神学者の子、作家シュリンクが語りたかったこと、それは言葉を失っている現代ドイツ人の危機ではないでしょうか。肉体の交わりはあっても、愛の言葉を喪失したままであったのです。こころも言葉も硬直し、麻痺しています。胸を衝く現代人の悲しみがここにあります。ひとごとではないと私は思いました。日本でも同じではないでしょうか。テレビ、週刊誌、まんが、言葉が満ちています。しかし、相手に届く自分が語るべき愛の言葉、慰めの言葉を失っています。慰めのコイノーニアである教会の言葉が問われています。

相手の名を呼びつつ、相手に届く言葉を

私たちの教会にも言葉が満ちています。どんな集会も言葉によって行なわれます。慰めの共同体は、その言葉が慰めの言葉になっているかどうかをいつも吟味する責任があります。『朗読者』の主人公は学問を究めています。学者は言葉の専門家になります。知識人です。言葉を読むことができなかった女性の代わりにたくさんの書物を読んで聴かせます。テープがそれを伝えます。その言葉が女性のこころを育て、言葉を習得させる意欲を呼び起こします。朗読が伝える言葉に、その力がありました。しかしまた、かえって絶望を呼び起こしました。ナチの協力者にもなってしたたかに生き得た女性が絶望しました。そして、朗読の言葉は女性を救えませんでした。慰めることができませんでした。自殺を促してしまいました。教会の言葉は、私たちの言葉は、絶望に勝つ慰めの力を持っているのでしょうか。

ここで求められる言葉は、自分が肉筆で、ひとりの具体的な相手に書き送るべき手紙の言葉のような言葉でなければなりません。第一に、それは自分の言葉であることが求められます。自分の愛を語る言葉です。それはどんなに美しい言葉であっても、他人の言葉で代えることはできません。聖書の

言葉に根ざし、福音を伝える説教の言葉、証しの言葉、魂への配慮の対話における言葉、いずれにも求められるのは、そのことです。〈外からの言葉〉が、自分の存在に深く入り込み、〈自分の言葉〉となって語り出されることです。

しかも手紙は具体的な相手を持ちます。ローマの信徒への手紙第一六章の終わりに近く、こんな言葉が記されています。「この手紙を筆記したわたしテルティオが、キリストに結ばれている者として、あなたがたに挨拶いたします」。テルティオというのは、「第三の男」という意味です。要するに番号で呼ばれていたひと、つまり、奴隷であったのではないかと考えられます。その奴隷が、自分に語りかける福音の言葉を伝道者パウロから聴いたのでしょうか。もしかすると文字をすらすら書ける知識人であって、不幸にして奴隷の境遇に墜ちたのかもしれないひとが立ち直ったのです。「キリストに結ばれて」パウロが伝える不滅の言葉を書き留め、最後に自分の名を恥じることなく名乗ってローマの兄弟姉妹たちに挨拶します。宛先の教会の仲間たちの名を書き連ねたところで。

手紙は宛名を持っています。相手の名を呼びます。「愛の手紙」に似た言葉を語るためです。私は『愛の手紙・説教』という書物を書きました。また実際に手紙を書くことが重んじられる教会でありたいと願っています。言葉が氾濫する時代です。しかし、こころが硬直している時代です。互いに真実の愛の言葉を求めながら、自分で語り得なくなっている時代です。キリストの教会の言葉が問われています。相手に届く愛の言葉か、と。

名札をつけて

鎌倉雪ノ下教会では礼拝に出席する者は皆名札をつけます。ロビーに教会員のためのメイルボックスがあり、そこに名札を入れておくひとが多いのですが、いつもバッグのなかに入れているひともおりました。教会堂に入るとそれを胸につけます。新しく来たひとでも、求道者であろうが、他教会員であろうが、礼拝出席を続け始めると教会のほうで名札を用意して渡します。礼拝が始まる前にロビーで挨拶をします。礼拝が終わると挨拶をします。毎日曜日、地下のホールでは昼食が用意されており、多くの人びとがそこに集まり、更には食後のコーヒーを楽しみます。委員会が会議をします。そのように教会堂にいる間、名札をつけています。名札をつけること、それは自分が名前を覚え、名を呼んでもらえるようになるだけではありません。相手が自分の名を呼ぶことができるようにするためでもあります。

鎌倉雪ノ下教会で私の前任の牧師松尾造酒蔵《みきぞう》先生は、挨拶のときに、よく名を呼ばれました。「おはよう、加藤先生」というように。英国で覚えられたのでしょうか。ドイツでも挨拶のときに名を呼び交わす習慣がありました。相手の名を覚え、呼び合うというのは、人間が共に生きていくときの基本のようでした。家族が朝起きたときにも、「おはよう、ツネアキ!」、「おはよう、ルードルフ!」と言うのです。

私は教会の集会に出る者は、教会員、非教会員を問わず、名札をつけるべきだという持論を持っています。それを実行していてくださる教会があります。いつも自分の名を名乗り、相手の名を呼べるようになるためです。小さな教会でも、そうするのがよいと思っています。

私は多くの教会を訪ねます。食事のときに自己紹介をしてくださることも多いのですが、皆の名を覚えることはできません。そのようなときに、名札をつけていてくれるととても助かります。名を呼んで語り合えるのはうれしいことです。

教会堂のなかで名札をつけるのは、あなたのために私はここにいます! ということのしるしではないでしょうか。

寄り添うこころ

私は東京神学大学を卒業する直前に、同じ吉祥寺教会の教会員で、大学でもクラスメートであった原さゆりと婚約をし、卒業するとすぐに結婚、最初の任地に赴きました。婚約式をする前のことです。礼拝が終わってすぐにさゆりと立ち話をしました。それから間もなく、竹森満佐一牧師に呼ばれ、厳しく叱られました。礼拝を終えてすぐに、なぜさゆりと話をしたのか、すぐにするべき大切なことがほかになかったのか。礼拝のあとでいつものように、礼拝に初めて来た人びとを紹介したではないか。特にそのなかに何人かの若い人びとがいたではないか。君は、その人びとのところにすぐ行って挨拶し、親しくなるべきではなかったのか。君はそれでも伝道者になるつもりか。竹森牧師は礼拝後、すぐに玄関に立って来会者と挨拶をしていました。その間にも私たちを観察していたのか。びっくりしました。しかし、そんなことよりも、礼拝後に新来会者を紹介する牧師の言葉に耳を傾け、その人たちのために自分に何ができるか、それをまず考えるべきではないか。将来の伴侶を与えられそうだとうきうきしていた私のこころは冷水を浴びたようでしたが、ありがたい忠告でした。そしてこれは、何もこれから伝道者になる若者だけの話ではないであろうと思います。教会員が皆このような伝道の意識に生きていたら、それだけで教会は変わるでしょう。私はそう思います。

多くの教会でしていることだと思います。礼拝に初めて来会するひとがあると、新来会者として、司式者が紹介します。拍手をして歓迎します。問題はその先です。竹森牧師は、その新来会者を教会員が積極的に迎え入れてほしいと願っていたのです。礼拝が終わったら、そのひとのところにこちらから行って挨拶し、歓迎の意を表し、必要な手伝いをします。紹介をするとき、司式者は新来会者に「遠慮なく交わりに加わってください」という歓迎の言葉を述べることもあるでしょう。しかし、それほど簡単に自分から仲間入りすることができないひとがあります。そのような時に「寄り添う」ひとがあると助かります。「寄り添う」こと、それが既に慰めの対話の始まりです。

もちろん、新来会者のなかには、あまり世話をしてほしくないひともいます。「寄り添う」ひとがわずらわしいのです。それはこちらで見抜くことが必要です。私も時々、「あのひとには何もしないほうがよいようだ」と教会員に配慮を求めることがありました。それもまたひとつの「寄り添う」方法です。黙って見守るのです。やがて対話が始まることを待ちつつ、祈りつつ求道を見守るのです。

第一五章

扉を開いて

教会堂の扉を開いていますか

私が金沢で伝道を始めたときに気づいたことがあります。金沢は浄土真宗を中心に仏教が生きていた街です。三〇〇を超える寺院が集中する寺町と呼ばれる長い通りが終わったところに、私がおりました若草教会の教会堂が建っていました。すぐ近くにある小さな寺院では説教会というのを頻繁に開いていました。教会堂の背後の一軒の民家では、「講」と記した高張提灯が玄関に掲げられる夜が何日もありました。私たちが言う家庭集会を開いていたのです。長くキリスト教会は伝道し続け、北陸学院という、いわゆるキリスト教学校も高く評価されておりました。教会や北陸学院が経営する幼稚園にも多くの子どもが集まりました。若草教会と並んで学校法人若草幼稚園もありました。しかし、依然としてキリスト教会は金沢の多くの人びとにとって異質な集団でした。教会も自分で壁を作って、自分たちだけの親しい小さな交わりを作ってしまいがちでした。そうすればそれなりに平穏な日々を過ごすことができました。それは既にひとつの誘惑でした。

そこでいろいろ考えました。そのひとつは教会堂の玄関の扉を開いたままにするということでした。雪が積もる冬の日々には、それは不可能でしたが、重い玄関の扉を開いて置くのです。ただでさえ教会堂の敷居は高いと言われるのです。誰でもいつでも入れるようにしたかったのです。いろいろなひとが来ました。刑務所における教誨師の代わりを務めたすぐあとに、出所したばかりの男が親しそうに訪ねてきたこともあります。金銭を求めたのです。酔うと教会堂にやってくる男もいました。ここ ろ病んだ高校生がふらりと入って来たことがあります。夫と争い昂《たかぶ》った女性が入ってきて三時間もしゃべって行ったこともあります。このひとはやがて他教会で洗礼を受け、今も元気で教会生活をしています。

鎌倉雪ノ下教会では、毎日、教会堂の扉は朝から夕方まで、いつも開いています。多くの人びとが出入りしています。いろいろな教会の仕事をするために来る教会員も毎日何人もいます。玄関を入ると広いロビーに面して事務室があり、そこではいつも何人かの主事たちが働いています。別の部屋で作業をしているひともおります。主事というのはまことに少額ですが、教会から定額の謝礼を出して勤務してもらっている方たちです。教会主事、事務主事、伝道主事などの職名があり、多様な事務をこなします。一週間、四日の勤務としておりましたが、それを超えて毎日のように教会堂で働き、あるいは訪問に出かけます。主事たち以外に、もちろん何人かいる牧師たちも教会堂で過ごしていることが多いのです。おかげで、日曜日以外にもいつも扉が開かれ、訪ねて来る人びとも多いのです。日曜日の集会が行なわれているとき以外は固く扉を閉ざした教会堂でないほうがよいと確信しております。

扉を開いて待つだけでなく

金沢でもうひとつ考え、試みたことがあります。扉を開いて待っていても、必ずしも多くの人びとが来てくれるわけではありません。集会案内の看板を礼拝堂の外に掲げていても、それほど気軽に参加してくれるわけではありません。その上に、当時の金沢では日曜日の午前中に行なわれる礼拝に自由に参加できるひとばかりではありませんでした。働いているひとも多いし、休日に家に家族が留まっていればいたで、かえって外出しにくいものです。おまけにキリスト教会は敷居が高くて入りにくいと思うひとも多いようです。もともと、教会堂だけではなく、どこでも初めて入る建物は入りにくいものです。そこで、せっかく扉を開く姿勢になっているのだから、開いている扉から出て行こうと考えるようになりました。

そこで教会員に頼み、自分の周囲で聖書、神に関心を抱いているひとがあれば紹介してほしいと言いました。また何かのことで悩んでいるひとがあれば紹介してほしいと頼みました。私が聖書を携えて訪ねました。紹介者を含めて少なくとも三人の集会が出来ました。そのようにして生まれた集会を含めて家庭集会を各所で開きました。教会堂に来るよりも容易に出席できるので求道者も集まりました。閉じこもりの生活をしていた障害を抱えた青年を何度も訪ねて受洗に導いたこともあります。

キリストとの出会いの使者

日本キリスト教団出版局が、二〇〇一年に出版した書物に『キリストと出会う』があります。これは貴重な記録です。雑誌『信徒の友』による公募に応え、さまざまな方たちが書いた、いわゆる入信の経緯を書いた文章六篇と並んで、更に寄稿を求められたさまざまな方たちが、自分がどのようにして受洗にまで導かれたかを語る文章を寄せたものです。言い換えれば、どのように伝道されたかという文章ですから、どのように伝道したらよいかを尋ね続ける者たちにとっては無視できません。ぜひ読んで研究してください。慰めの言葉が、どのようにして届くのかということでもあります。慰めの共同体である教会は、教会堂が建っている町に住む、教会の隣人にとって慰めとなっているのです。その慰めがこれまで教会に関わらなかった人びとにまで届くとき、伝道の実りが与えられるのです。

三浦光世さんが書いています。若くして苦しみのなかにあったとき聖書を読んでもよくわからなかった。聖書を読みながら難渋している自分の姿をお兄さんが見て、「おっ！　お前聖書を読んでいるのか。しかし、一人ではわからんだろう。そうだ、誰か牧師に来てもらうことにしよう」と言って、牧師を紹介します。そして、三浦さんがその牧師を訪ね始めたのではなく、その牧師自身が訪ねてきてくれて、聖書を説いてくれるようになったそうです。また作家の加賀乙彦さんは、自分の信仰に対する態度が単なる知識に留まっていることに虚《むな》しさを覚えていたとき、ひとりの神父が、信州の別荘に四日間泊まって語り合ってくれたと書いています。そして溜まりに溜まっていた質問に丁寧に答えてくれ、質問も出尽くしてしまった最後の日、一条の光に照らされる信仰経験をした話を書いています。このように訪ねる伝道者たちの姿を読むと、私はこころから感動してしまいます。

かつて鎌倉雪ノ下教会の信徒の女性で、夫の両親を導きたいと願い、東京に住む両親のもとに転居し、同居してしまった方がありました。私はその方に頼まれて、その方たちの家の近くの教会の牧師に指導を頼む手紙を書きました。多くの牧師は、そのようなときに、喜んで教会堂の場所を教え、集会について連絡し、いつでもいらっしゃい、待っています、という手紙を書くぐらいでしょう。しかし、その牧師は、さっそくその家を定期的に訪ねてくれました。その家族だけを相手にする集会を始め、聖書を説き続けてくださいました。ある日、牧師が訪問を終え、「さようなら」と玄関を出て帰ってしまったとき、年老いた母が、さびしいね、先生と一緒にイエスさまもお帰りになったような気がする、と言ったそうです。牧師の訪問が主イエスご自身の訪問であると感じ取るようになっていたのです。すてきな話です。やがて、両親とも集会に通うようになり、受洗しました。

み言葉を聴きたいと願い、信仰を求めて戸惑う人があれば、その人が訪ねてくるのを待つだけではなくて、自分から訪ねる姿勢の伝道者はまことにありがたい存在です。生きておられる主を紹介して歩いてきてくれる伝道者の訪問を受けた人はさいわいです。

主イエスの憐れみに押し出されて

マタイによる福音書第一〇章は、主イエスが十二人の弟子を改めて選び、伝道に派遣された物語が記されています。それに先立って、第九章には、このように記されています。

イエスは町や村を残らず回って、会堂で教え、御国の福音を宣べ伝え、ありとあらゆる病気や患いをいやされた。また、群衆が飼い主のいない羊のように弱り果て、打ちひしがれているのを見て、深く憐れまれた。そこで、弟子たちに言われた。「収穫は多いが、働き手が少ない。だから、収穫のために働き手を送ってくださるように、収穫の主に願いなさい。」

飼い主がいない羊のように弱り果て、打ちひしがれている人間の姿は、今日の日本の隣人の姿です。思いがけない犯罪のニュースが私たちのこころを痛めつけるように連続して伝えられています。少年少女のこころが荒れ果てていることが伝えられています。他方では、キリストの教会が教会学校の衰退を嘆き、若者たちが教会堂から姿を消したことを悲しみ、過去をなつかしみます。しかし、教会堂の扉を日曜日の朝だけ開き、旧態依然たる教会学校や教会の集会を続け、案内をし、誰かが来るのを待っているだけで、慰めの共同体の使命が果たせるのでしょうか。

主イエスにも弟子たちにも閉じこもる教会堂はありませんでした。いつも外におられました。枕を置いて安眠する場所がどこにでもあったわけではないようです。ルカによる福音書第一〇章一節では、「その後、主はほかに七十二人を任命し、御自分が行くつもりのすべての町や村に二人ずつ先に遣わされた」と記しています。主イエスは常に訪ね続けておられました。十二人は、いつもその主イエスに同行し、ここでは、遂にその先遣隊となりました。そしてルカによる福音書は、そこで、マタイによる福音書第九章が伝えている、深い憐れみのこころから、「働き手」がなお与えられるために、「収穫の主」に祈り求めようと言われた主の言葉を書き記しています。

あるとき私が乗ったタクシーの運転手が、私がキリスト教会の伝道者であることを知って、まだ教会に行ったことはないがと言いながら、ここまで世の中がおかしくなってきた以上、イエスさまの再臨も近いのではないですか、と尋ねました。驚きながら、しばらく信仰の話をし、教会を訪ねるように勧めました。確かに深い不安のなかにある日本です。今生きておられる主イエスが、憐れみのこころをどれだけ深くしておられるでしょうか。そうとすれば、私たちも隣人を訪ねる伝道の旅を新しく企てるべきではないでしょうか。

家を訪ね、道を拓き

私は、小学生であったとき、日曜学校に通っていることを担任の教師、友人たちに責められ、いじめられて、暫く行くのを止めていました。通っていた代々木福音教会の牧師夫人であったアメリカ人のアイナ先生と婦人伝道師の薦田《こもた》静子先生が訪ねてきて、励ましてくださったので、小学校卒業直前の冬に、また通い出しました。この訪問がなかったら、あの時、教会に戻り、その翌年、太平洋戦争が始まってからの一九四二年に一三歳で洗礼を受けることができたかどうか、と思っております。当時、父の会社の工場の二階に住んでいた私たちのところに階段を踏みしめながら登ってこられたふたりの先生のこつこつという足音が聞こえました。それを今も忘れません。やがて、その教会で教会学校教師になってから、自分が責任を持つクラスの子どもたちの全家庭を、必ず訪ねました。その両親たちとも、とてもよい出会いをしました。

日本に福音をもたらしてくださった多くの宣教師たちもよく訪ねました。バラ宣教師の足跡を調べていたとき、この人がどこまで訪ね歩いたか、結局はまだよくわかりません、という言葉を聞いて感動しました。こんなところまで足を伸ばしているという報告を聞いたときなのです。徒歩か馬に乗っての訪問であったそうです。

ヤコブの手紙第五章一四節以下には、このように勧められています。

あなたがたの中で病気の人は、教会の長老を招いて、主の名によってオリーブ油を塗り、祈ってもらいなさい。信仰に基づく祈りは、病人を救い、主がその人を起き上がらせてくださいます。その人が罪を犯したのであれば、主が赦してくださいます。

病む者だけではないでしょう。慰めを必要とする者は長老に訪問を頼んでよいのです。「来て、祈ってください！」。教会の祈りを求めます。今でもヨーロッパの教会ではオリーブ油を塗って癒しを祈ることがあります。そして、罪の悔い改めもするのです。訪ねること、それはキリスト教会が伝統的に、教派を越えて大切にしてきていることです。

ドイツのある神学者が、現在の教会の長老制度は当時に比べて遥かに進歩したが、この訪ねる長老の姿は失われているのではないかと書いています。牧師、長老に留まらず、慰めの共同体を造るために主に召されている者たちが力を合わせて、「訪ねる共同体」として、キリストの教会を再生させる責任があるのではないでしょうか。そのために知恵を集め、また自分を訓練するという課題と新しく取り組みたいと祈り願います。

文献一覧

『日本国語大辞典』（小学館、一九七二年）
『廣漢和辞典』（大修館書店、一九八一―一九八二年）
『ハイデルベルク信仰問答』（竹森満佐一訳、新教新書、一九六一年）
『ハイデルベルク信仰問答』（吉田隆訳、新教新書、一九九七年）
アメリカ合衆国長老教会、T・J・ヘイスティングス監訳『みんなのカテキズム』（一麦出版社、二〇〇二年）
植村正久『霊性の危機』（警醒社、一九〇一年）
大内三郎『植村正久　生涯と思想』（日本キリスト教団出版局、二〇〇二年）
小塩力・福田正俊『代祷』（新教出版社、一九四八年）
加藤常昭『み言葉の放つ光に生かされ　一日一章』（日本キリスト教団出版局、二〇〇〇年）
加藤常昭『愛の手紙・説教　今改めて説教を問う』（教文館、二〇〇〇年）
加藤常昭『雪ノ下カテキズム　鎌倉雪ノ下教会教理・信仰問答』（教文館、一九九〇年）
S・キェルケゴール、斎藤信治訳『死に至る病』（岩波文庫、一九五七年）
B・シュリンク、松永美穂訳『朗読者』（新潮社、二〇〇〇年）
E・トゥルナイゼン、加藤常昭訳『この世に生きるキリスト者』（新教新書、一九六〇年）

E・トゥルナイゼン、加藤常昭訳『牧会学Ⅰ　慰めの対話』（日本キリスト教団出版局、一九六一年）
E・トゥルナイゼン、加藤常昭訳『牧会学Ⅱ　世俗化時代の人間との対話』（日本キリスト教団出版局、一九七〇年）
日本基督教団全国連合長老会日曜学校委員会編『子どもと共に学ぶ明解カテキズム』（キリスト新聞社、二〇〇五年）
R・ボーレン、加藤常昭訳『天水桶の深みにて　こころ病む者と共に生きて』（日本キリスト教団出版局、一九九八年）
R・ボーレン、加藤常昭訳『日本の友へ　待ちつつ速めつつ』（教文館、二〇〇二年）
D・ボンヘッファー、森野善右衛門訳『改訳新版　共に生きる生活』（新教出版社、二〇〇四年）
三浦光世、加賀乙彦ほか『キリストと出会う　洗礼を受けるまで』（日本キリスト教団出版局、二〇〇一年）
C・メラー編、加藤常昭訳『魂への配慮の歴史』（全12巻、日本キリスト教団出版局、二〇〇〇—二〇〇四年）
C・メラー、加藤常昭訳『慰めの共同体・教会　説教・牧会・教会形成』（教文館、二〇〇〇年）
C・メラー、加藤常昭訳『慰めのほとりの教会』（教文館、二〇〇六年）
森有正ほか『現代のアレオパゴス』（日本キリスト教団出版局、一九七三年）
森有正『土の器に』（日本キリスト教団出版局、一九七六年）
M・ルター、徳善義和訳「シュマルカルデン条項」（『宗教改革著作集14』教文館、一九九四年）

あとがき

日本キリスト教団出版局が刊行している雑誌『信徒の友』に「慰めの共同体」という連載の文章を書いたのは、もう八年も前の二〇〇三年度のことでした。毎号短い文章で、現代日本のキリストの教会が慰めの言葉を語る存在、隣人にとって慰めになる存在であるために、どのようなことを考え、実行したらよいのか、できるだけ具体的に書いてみました。それをまとめて単行本にしたらよいのではないかということになり、既に発表した文章に、更にいくつかの主題を語る同じような文章を追加すれば、割合に苦労しないで書物ができるであろうと思ったのです。しかし、実際に書き始めてみるとうまくいきません。それは、ひとつには、日本の教会のために書かれた牧会学の書物がないからであるということに気づきました。私が訳して、この書物でもかなり丁寧に紹介しているエードゥアルト・トゥルンアイゼン（かつてはトゥルナイゼンと表記しておりましたが、ご本人のご意見で、今はこのように記しております）先生の『牧会学』二巻、それにやはり私が訳したクリスティアン・メラー先生の二冊の書物がよく読まれておりますが、いずれもスイス、ドイツの教会のためのものです。ただ、いのちのことば社から二〇〇三年に『福音主義神学における牧会』（牧田吉和監修）という書物が出ております。日本福音主義神学会が二〇〇二年に開催した全国神学会議の記録です。そのなかに私がした三回に及ぶ発題講演が収録されております。もしかすると、これが唯一の日本人実践神学者が語る牧会学概説と呼べるかもしれません。

そこで私は『信徒の友』連載の文章をかなり大きく書き改めました。牧会学と呼ばれる学問が語る基本的な事柄をも説くようにしてみたのです。牧会学が何を語るのか、その要点がわかるようにしました。しかし、神学校でする講義のノートのような形の文章ではありません。信徒の方たちが牧師と共に読み、あるいは自分だけで読んでも理解できるようにと願って書きました。ただし、できるだけ最初から読んでいただきたいと思います。そのほうが基本的なことから始めて学んでいただけると思います。

トゥルンアイゼン先生の『牧会学』も、もともとは信徒にも読んでもらいたいという願いを込めたものです。ただ、それにしては神学を専門とする者でないと理解できない事柄が含まれております。しかし、先生がそれでも信徒にも学んでほしいと願ったのは、牧会学が語る事柄がとても実践的なこと、実際的なことであるからです。ただ知識としてわきまえておけばよいというようなものではなく、実践しないと意味がないことなのです。しかも牧師だけではなく、教会員と共に実践しなければなりません。トゥルンアイゼン先生が逝去されたのち夫人に招かれてバーゼルを訪ね、ふたりだけで昼食を摂ったときに、書物に書いたことを、教会で信徒と共に十分に実践することができなかったことが残念なことであったと言っておられました。牧師が信徒と共に慰めのコイノーニアとしての教会を形成することを十分にすることができなかったということなのです。その点では小さい共同体である日本のプロテスタント教会のほうが身軽に働けるでしょう。日本の現状と、そこに遣わされているキリストの教会の使命を思い、改めて教会が慰めの共同体、慰めのコイノーニアとして生きることの大切さを思います。緊急の課題だと思っているのです。私は長く説教学に携わり、一一〇教派を超える二四〇名ほどの説教者たちと説教塾を造り、説教の学びに励んでいます。説教と魂への配慮のふたつがキリストの教会の働きの急所です。両者相俟ってこそ、教会は強くなります。キリストの教会にふさわしい力に生かされるようになるのです。

二〇一一年一二月　主の降誕を祝いつつ

加藤常昭

慰めのコイノーニア　牧師と信徒が共に学ぶ牧会学

2012年 1 月 25 日　初版発行
2013年 10 月 25 日　再版発行

著者　加 藤 常 昭

発行　日本キリスト教団出版局
〒 169-0051　東京都新宿区西早稲田 2-3-18
電話・営業 03（3204）0422　編集 03（3204）0424
http://bp-uccj.jp

印刷・製本　三秀舎

Printed in Japan

本書は前記奥付に表示した書籍を底本とする復刻版です。

加藤《かとう》 常昭《つねあき》

1929 年、旧満州ハルピンに生まれる。東京高等師範学校付属中学、旧制第一高等学校、東京大学文学部哲学科、東京神学大学博士課程前期課程修了。
日本基督教団若草教会、牛込払方町教会、鎌倉雪ノ下教会にて主任担任教師。現在、同教団隠退教師。牧会の傍ら、東京神学大学で実践神学を教え、再三、ドイツに研究滞在、ハイデルベルク大学客員教授（1986-87）、国際説教学会会長（1995-97）。現在、説教塾主宰として、説教者の研修指導に励んでいる。

慰めのコイノーニア　牧師と信徒が共に学ぶ牧会学
（オンデマンド版）

2023 年 1 月 10 日　発行

著者　加 藤 常 昭

発行　日本キリスト教団出版局
〒 169-0051　東京都新宿区西早稲田 2-3-18
電話・営業 03（3204）0422　編集 03（3204）0424
https://bp-uccj.jp

印刷・製本　デジタル パブリッシング サービス

ISBN978-4-8184-5133-9 C0016　日キ版
Printed in Japan